図説

ブラジルの歴史

金七紀男

●河出書房新社●

はじめに

まもなくブラジルは独立二〇〇周年を迎える。一八二二年九月七日、ブラジルは宗主国ポルトガルから分離独立し、新大陸アメリカ唯一の帝国として建国された。独立以前には、一五〇〇年のブラジル「発見」から三〇〇余年のポルトガル領植民地としての歴史がある。その歴史がブラジルに新大陸において唯一ポルトガル語、ポルトガルの文化・生活様式を定着させるとともにスペイン領と同様、カトリックが支配的となって今日のブラジル社会の原型が形成された。さらに、この植民地時代以前には、一万年以上の先住民インディオの長い歴史がある。

このブラジルは、日本のほぼ対蹠地に位置して、地理的にもっとも遠い国の一つであるが、約一〇〇年前に始まった日本からの移民と二〇世紀末における日系ブラジル人のデカセギによる人的交流によって、またもっともなじみ深い国の一つともなった。

ところが、国の成り立ち、有りようをみると、国土の面積、人口密度、人種構成、気象条件など両国はまったく対照的である。ことに島国の日本は歴史的に等質的な社会を形成して、他者を受け入れることに臆病であり、そのことがいま、グローバル化の時代に大きな障害となっている。他方、ブラジルは外部に対して開放的である。一六世紀以降、モンゴロイド系の先住民インディオ、入植者のヨーロッパ人、さらに不幸にしてアフリカから奴隷として強制的に連れてこられた黒人が混血を重ね、多人種混淆社会を形成してきた。さらに一九世紀の独立以後、東欧を含めてヨーロッパ、中東、日本、近年は中国、韓国など、文字通り世界中の人びとが移住してきている。いまや世界は「大航海時代」ならぬ「大移動時代」を迎え、毎年二億人もの人々が国境を越えて移動している。それにともない受け入れ国側でさまざまの問題が生じ、その対応に苦慮しているが、世界中から文化や言語の異なる人びとを多く受け入れ共存を図ってきたブラジルは、二一世紀の世界がこれからめざす寛容の社会の模範となるのではないだろうか。

なぜ人びとはブラジルに引き寄せられてきたのか。そしてブラジルは世界に向けて何を送り出してきたのであろうか。ブラジルは、「発見」当初からポルトガルの植民地としてヨーロッパに組み込まれ、奴隷制を通じてアフリカ世界とも深く関わってきた。一九世紀の独立以降は世界資本主義体制のなかに身をおきながらもその独自性を生みだすことに努力してきた。このブラジルの歴史を世界史のなかに位置づけながら論じたいと思う。

本書では、ブラジルの歴史を大きく、①インディオの時代を含め一五〇〇年に始まる植民地期　②独立を達成しコーヒー経済に支えられた近代　③一九三〇年のヴァルガス革命を起点とし現在にいたる現代の三つの時代に区分した。

最後に、若干専門的なことになるが、一八八九年に始まる共和政体の名称について言及したい。一八八九年から一九三〇年まで続いたブラジル最初の共和政体は、第一共和政（プリメイラ・レプブリカ）あるいは旧共和政（レプブリカ・ヴェーリャ）と称される。古い共和政、旧共和政とよぶのは、一九三〇年に始まるヴァルガスの時代がこれまでの体制と決別した新しい共和政、「新共和政」であるとみなしたからである。また、ヴァルガスの独裁的な「新国家体制」に代わる第二次大戦後のポピュリスト共和政を「新共和政」とする研究者もいる。いずれにせよ、それでは一九三〇年から現代にいたるいくつかの異なる共和政体の区別がつかない。一国の政治体制を規定するのは憲法である。ブラジルでは一八八九年の共和政樹立以降、一貫して共和体制が続き、一八九一年憲法、一九三四年憲法、一九三七年憲法、一九四六年憲法、一九六七年憲法、一九八八年憲法と六つの憲法が制定されており、それに対応して六つの共和政体が存在する。したがって、一九八五年以降の現共和政は、第六共和政ということになる。一九六四年からの軍事独裁体制も共和政体（第五共和政）を採ったが、軍政の終焉とともに誕生した第六共和政は、民主主義が復活した新しい時代の到来に期待を込めて、あらたにノヴァ・レプブリカとよんだ。レプブリカ・ノヴァは「新共和政」という訳語が当てられるので、本書では、このノヴァ・レプブリカを新生共和政と訳して、レプブリカ・ノヴァと区別した。

◀南米大陸図　ピエール・デスリエール「平面地球図」。一五五〇年。大英博物館。

南アメリカ
カリブ海
太平洋
大西洋
赤道
南回帰線
ベネズエラ
コロンビア
エクアドル
ペルー
ボリビア
ブラジル
パラグアイ
チリ
アルゼンチン
ウルグアイ
ガイアナ
スリナム
仏領ギアナ
バランキリャ
マラカイボ
マラカイボ湖
カラカス
オリノコ川
シウダーボリバル
ジョージタウン
パラマリボ
カイエンヌ
ロライマ山
ギアナ高地
リャノス
メデリン
ボゴタ
カリ
オクシデンタル山脈
オリエンタル山脈
ネブリーナ山
キト
コトパクシ山
グアヤキル
プトゥマヨ川
ジャプラ川
ネグロ川
アマゾン川
マナオス
ベレン
イキトス
マラニョン川
ジュルア川
マデイラ川
タパジョス川
シングー川
アラグアイア川
トカンティンス川
セルバ
フォルタレーザ
サンロケ岬
ボルボレーマ高地
レシーフェ
チクラヨ
ウァスカラン山
ウカヤリ川
アンデス山脈
リマ
クスコ
サンフランシスコ川
ブラジル高原
クイアバ
ブラジリア
サルヴァドール
チチカカ湖
アレキパ
ラパス
サハマ山
サンタクルス
アリカ
スクレ
カンポ
グランチャコ
パラナ川
ベロオリゾンテ
マンティケイラ山地
アタカマ砂漠
アントファガスタ
リオデジャネイロ
リュリャイリャコ山
サルタ
パラグアイ川
アスンシオン
イグアス滝
サンパウロ
サラド川
ウルグアイ川
マール山脈
コルドバ
ポルトアレグレ
アコンカグア山
ロサリオ
サンチアゴ
ブエノスアイレス
モンテビデオ
ラプラタ川
コロラド川
パンパ
コンセプシオン
バイアブランカ
プエルトモント
パタゴニア
フォークランド諸島
マゼラン海峡
プンタアレナス

ブラジルの5地域と連邦区
ベネズエラ
ガイアナ
スリナム
仏領ギアナ
コロンビア
ペルー
ボリビア
チリ
パラグアイ
アルゼンチン
ウルグアイ
ボアヴィスタ
ロライマ州
アマパ州
マカパ
マナウス
アマゾン川
ベレン
パラ州
アマゾナス州
アクレ州
リオブランコ
ポルトヴェーリョ
ロンドニア州
サンルイス
テレジーナ
マラニャン州
フォルタレーザ
セアラ州
リオグランデドノルテ
パライー
ナタール
ジョアンペソーア
ピアウイ州
ペルナンブーコ州
レシー
マセイオ
アラゴア
トカンティンス州
パルマス
バイーア州
アラカジュ
セルジーペ州
サルヴァドール
マトグロッソ州
クイアバ
ゴイアス州
首都ブラジリア
ゴイアニア
ミナスジェライス州
エスピリトサント州
ベロオリゾンテ
ヴィトリア
マトグロッソドスル州
カンポグランデ
サンパウロ州
リオデジャネイロ
サンパウロ
リオデジャネイロ州
パラナ州
クリティーバ
サンタカタリーナ州
フロリアノポリス
リオグランデドスル州
ポルトアレグレ
北部(7州)
北東部(9州)
中西部(3州)
連邦区(1連邦区)
南東部(4州)
南部(3州)

地図作成・小野寺美恵

第1部　植民地期ブラジル　一五〇〇～一八二二年

第一章

大航海時代のなかのブラジル

1 ブラジルの「発見」

大航海時代

ヨーロッパ人は、古代ギリシャ・ローマの時代から世界はヨーロッパ、アジア、アフリカの三大陸からなると考えてきた。それが、一四九二年、コロンブス（一四五一？～一五〇六）の新大陸アメリカ「発見」によってそれまでの世界観が改められるとともに、アメリカはヨーロッパ世界のフロンティアとしてその支配領域に組み込まれることとなった。コロンブスの「発見」から八年後、南アメリカに位置するブラジルも、一五〇〇年四月二二日、インドに向かうペドロ・アルヴァレス・カブラル（一四六七頃～一五二〇頃）率いるポルトガル船団によって世界史の舞台に引きずり出されることとなった。そのブラジルにもコロンブスがインディオとよんだ先住民が居住していた。彼らは、白い肌の他者との接触をよぎなくされるが、ポルトガル人によるこのブラジル「発見」も、一五世紀初頭から始まるヨーロッパ人の対外膨張の過程で行なわれた出来事の一つであった。

中世のヨーロッパ人がヨーロッパの外に目を向けはじめたのは十字軍遠征以後のことである。ヴェネツィアは東方の胡椒交易に関心を寄せ、北方では、ドイツ人が「北の十字軍」という名のもとに東方に向かって植民活動を進めていた。そして、イベリア半島では、一三世紀半ばにグラナダ王国を残してイスラム教徒を駆逐したカスティーリャとポルトガルはアフリカと大西洋に関心をもちはじめた。ことにアヴィス王朝成立後、中央集権体制を確立したポルトガル王ジョアン一世（一三五七～一四三三）は、一四一五年、北アフリカの交易都市セウタを征服し、非ヨーロッパ世界に進出する先鞭をつけた。ヨーロッパ史ではこのセウタ征服をもって大航海時代の始まりとしている。以後、ポルトガルはエンリケ航海王子（一三九四

◀**新大陸のヴェスプッチ**　十字架の旗と天文観測器を携えるヴェスプッチとハンモックに身をおく裸のインディオ女性。両者はそれぞれ「文明」のヨーロッパと「野蛮」の新大陸アメリカを象徴する。遠景にはインディオたちが人肉を焼く様子が描かれ、野蛮性が強調されている。ヨハンネス・ストラダヌス画。一五七五年。大英博物館。

〜一四六〇）のもとにアフリカ西海岸沿いに探検航海を続けた。エンリケ王子の死去する一四六〇年までに、ポルトガルは遠洋航海に耐える船を改良し、航海術を発達させて、ヨーロッパ最先端の海洋開発国に成長していた。

胡椒を求めて

ジョアン二世（一四五五〜九五）の治世下の一四八八年にはバルトロメウ・ディアス（一四五〇頃〜一五〇〇）が喜望峰迂回に成功し、胡椒の地インドへの道が開けた。ところが、ポルトガルとは逆に西回りで香料の地インディアス、黄金の国ジパングに到達することをめざしていたコロン

▲プトレマイオス世界図　2世紀アレクサンドリアのギリシャ人天文・地理学者プトレマイオスが描いた世界図は、15世紀のヨーロッパで再構成され、地球球体説とともに識者の間に流布していた。インド洋は地中海と対置されるかたちで内海となっている。15世紀。ナポリ国立図書館。

▼エンリケ航海王子　エンリケ航海王子は、キリスト騎士団長としてイスラム教徒に対抗するためにボジャドール岬以南の西アフリカ沿岸航海を進めて伝説的なキリスト教王プレステ・ジョアン（プレスター・ジョン）を探索させた。パリ国立図書館。

▼西アフリカ地図　エンリケ航海王子の没する1460年、ポルトガル人は地図上でポルトガルの国旗を掲げるライオンの立つシエラレオネまで到達し、11年後には砦の聳えるエルミナで黒人との間で待望の金の取引に成功した。『ラザロ・ルイス地図帳』1563年。リスボン科学アカデミー。

▲カンティーノ世界図　トルデシーリャス条約の分界線が描かれた最初の世界図。1502年。エステンセ図書館（イタリア）。

▼トルデシーリャス分界線　条約はカボヴェルデ諸島のどの島を起点にするかが曖昧で、当初ポルトガル側の分界線は西経42度30分（カンティーノ地図1502年）に引かれていたが、その後リベイロ地図（1529年）に引かれた西経49度45分が正式の分界線となった。

ブスは、カスティーリャの女王イサベルの支援を受けて、一四九二年一〇月、カリブ海のバハマ諸島に到達した。その後の航海でコロンブスは大陸部にも接近するが、自分は死ぬまでインディアスに到達したと信じていた。

コロンブスの新大陸「発見」から二年後の一四九四年、ポルトガルとスペインは、トルデシーリャス条約を締結して、カボヴェルデ諸島から三七〇レグア（一レグアは五・六キロ）の経線で世界を二分割し、東側をポルトガル領、西側をスペイン領と定め、それぞれの排他的支配領域とした。その結果、のちに詳述するカブラルの「発見」で、ブラジルはポルトガル領に帰属することになる。

予想外のコロンブスの「発見」に焦りを感じたポルトガル王マヌエル一世（一四六九〜一五二一）は、一四九七年七月、ヴァスコ・ダ・ガマ（一四六〇または六九〜一五二四）を司令官とするインド船団を派遣した。ガマ一行は大西洋から喜望峰を迂回してインド洋に入り、翌一四九八年五月、ついに胡椒の原産地インドのカリカット到達に成功した。こうして、ポルトガルはギリシャ・ローマ時代からヨーロッパ人が憧れていた胡椒を海路で直接手に入れることが可能となった。

▲**ヴァスコ・ダ・ガマ**　コロンブスの新大陸「発見」の航海は2カ月余り、それにくらべてガマの航海は10カ月、まさに大航海であった。帰国後、ヴィディゲイラ伯爵の称号をあたえられた。1524年、インド副王として再度インドに渡るが、同年12月に没した。遺体は、カモンイスとともにポルトガルの英雄としてジェロニモス修道院に安置されている。下図はカリカット。

香料獲得競争におくれをとったスペインは、西回りで香料諸島への到達を試みた。一五一九年、スペイン王カルロス一世の命を受けたマゼラン（一四八〇頃〜一五二一）は、苦闘の末、マゼラン海峡を通過して太平洋に入り、一五二一年、フィリピンに到達した。マゼランは現地での戦いで死去したが、彼の後を継いだエルカーノはついに香料諸島に到達した。その一〇年前に、ポルトガル人は香料諸島に到達しており、こうして、香料を求めて東と西から航海を進めたポルトガルとスペインは海路をとおして世界を一つに結びつけたのである。それは、ヨーロッパ人による世界の一体化、グローバリゼーションの始まりであった。

カブラルの航海

ペドロ・アルヴァレス・カブラルの船団によるブラジル「発見」もこのようなヨーロッパの対外進出の一環にほかならない。カブラルの船団は、ヴァスコ・ダ・ガマのインド到達のあとを受けてインドに向かったが、その途上にブラジルに到達し、トルデシーリャス条約にもとづいてブラジルはポルトガル領となった。

カブラルの船団はバイーア南部のポルトセグーロに到着すると、この地をヴェ

◀**ペドロ・アルヴァレス・カブラル**　ヴァスコ・フェルナンデスの油彩画「東方の三博士」（一五〇一）のなかで幼子イエスの前に跪く人物がカブラルと同定され、一九四二年に発行された紙幣一〇〇〇クルゼイロ（一二頁）に描かれたカブラル像のもとになった。黒人の博士に替えて描かれたインディオはヨーロッパ最初のブラジル・インディオ像とされている。グラン・ヴァスコ博物館（ポルトガル）。

▶◀**カブラル船団**　ブラジル「発見」に関しては、計画説と偶然説がある。計画説はすでにブラジルの存在は知られており、カブラル船団のブラジル寄港はそれを確認するためだったとする。それに対して偶然説は、ガマの開拓したインド航路はブラジル沖を通っており、カブラルの船団はそのルートに従い、たまたま嵐にあって偶然ブラジルに到達したとする。ピアポント・モルガン図書館（ニューヨーク）。

▶**上・カブラルの肖像入りブラジル銀行券一〇〇〇クルゼイロ**
▶**下・ブラジルの「発見」**　四月二二日、カブラルは到達した地をヴェラクルス（真の十字架）と命名した。一説に、カブラルは、ブラジル出立の日の五月三日が聖十字架の祝日に当たることから、この地をサンタクルス（聖十字架）と命名した、という。フランシスコ・A・デ・フィゲイレード・エ・メロ画。一八八七年。国立歴史博物館（リオデジャネイロ）。

ラクルスと命名した。一行は、ヴェラクルスに一五〇〇年四月二二日から一〇日間滞在するが、この間に先住民インディオと遭遇する。彼らは

この招かれざる客に警戒しながらも、徐々に打ち解け、水や薪を船まで運ぶなど友好的な態度を示すまでになった。しかしブラジルには当時の航海探検者が求めてやまない金や胡椒がないことがわかると、五月三日、カブラル一行は流刑者ら数人を残してブラジルを発ち、インド

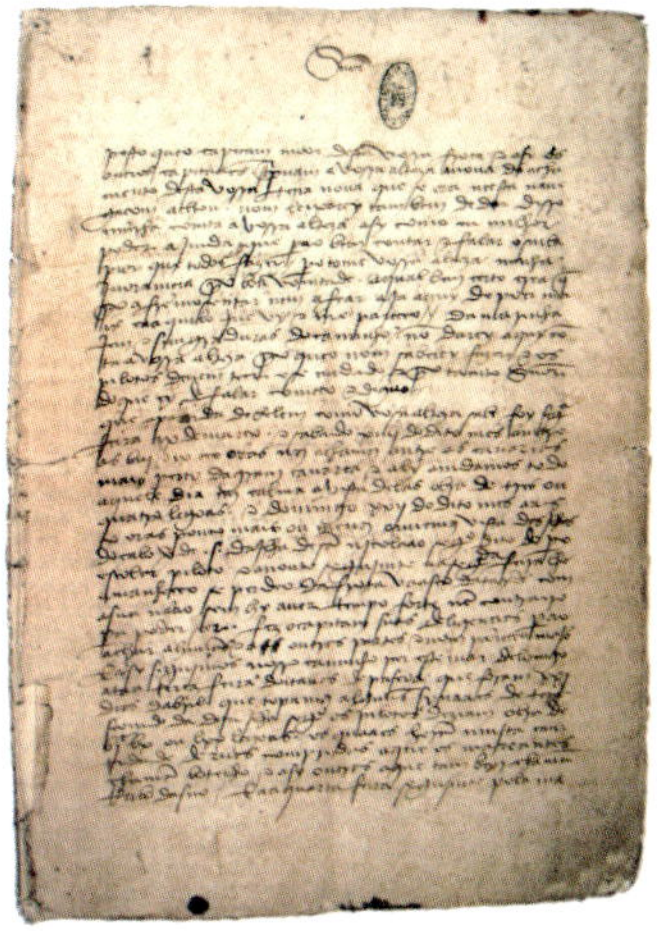

に向かった。

2 先住民インディオ

トゥピ・グアラニ族

カブラルの一行が出会ったインディオは、トゥピニキンとよばれるトゥピ族の一つで、セアラからリオグランデドスルにいたるブラジル海岸に沿って広く分布していた。当時、ブラジルのインディオは、トゥピ・グアラニ、ジェ、アラワク、カリリの四つの言語系に大別され、その下位集団として少なくとも四〇を数える語族が存在していた。そのなかでポルトガル人ともっとも接触の多かったのは沿岸部に居住するトゥピ・グアラニ族であった。

通説によれば、彼らの先祖は短頭のモンゴロイド系の人びとで、最後の氷期のおよそ一万二〇〇〇年前、シベリア付近から凍結したベーリング海峡（陸橋部ベーリンジア）を渡ってきたとされている。カブラルが到達した一六世紀初頭、ブラジルにはおおよそ三〇〇万人のインディオがいたと考えられている。アステカ帝国やインカ帝国を形成し、高度な文明を築き上げたメキシコやペルーのインディオと異なり、ブラジルのインディオは石器時代の部族的な群れの段階にとどまっていた。

▲右・ブラジル最初のミサ　上陸したカブラル一行はミサをあげた。集まってきていたインディオも「じっと耳を傾け、眼の前で我が国の人びとが行なう儀式を見て、……跪き胸のところで十字を切ったのである」（マガリャンイス『ブラジル誌』）。ヴィトル・メイレレス画。一八六一年。国立美術館（リオデジャネイロ）。

▲左・カミーニャの書簡　この書簡は、ブラジル「発見」の報を国王マヌエル一世に伝えた最初の記録として「ブラジル出生証明書」とも言われる。カミーニャはインディオとの出会い、ブラジルの自然や気候を述べ、この地でのキリスト教布教の可能性を強調している。トーレ・ド・トンボ国立文書館（リスボン）。

▼マラジョ文化の骨壺　アマゾン川河口のマラジョ島では紀元前一四〇〇年までに土器が作られていた。住民は洪水に備えてマウンド（土手）を築いて農耕生活を営み、祭祀用の土器を製作した。浮き彫り文様を施した甕や鉢などの土器のほかに人物をかたどった土偶などが多い。なかでももっとも特徴的な土器は死者の骨を納める壺である。写真は、両面に顔をもち、目、鼻、口が浮き彫りにされている。紀元前一四〇〇頃～紀元前四〇〇年。国立民族学博物館（リスボン）。

ブラジルの基層文化

八世紀から九世紀にかけて、トゥピ・グアラニ族はトゥピ族とグアラニ族の二つに分かれたと考えられる。森林に住むトゥピ族は狩猟採集生活と焼畑農業を営み、定期的に森林を移動する半定住型の原始的な社会を形成していた。親族関係を基盤とする共同体は数百人単位の住民によって構成され、住民は平等で、階級は存在せず、私有財産という観念もなかった。住民によって選出された指導者とパジェとよばれるシャーマンを中心に無文字社会の伝統と生活が維持されていた。

インディオの間では男女による労働の役割分担が一般的であった。男性は焼畑を用意するほかに、森で獲物を狩り、川で魚を漁るなど食料を調達した。女性は家事や育児のほかに焼畑を耕作するのが主な任務であった。耕作の中心はマンディオッカ（キャッサバ）とよばれる塊根であった。マンディオッカはすりおろし、水にさらして毒素を抜いたのち食事に供された。ポルトガル人が入植してきたのちも、熱帯地方では小麦の栽培が不可能だったので、マンディオッカは主要な食料であった。

集団内部では寛容で平和的であったインディオも、他の集団との関係ではきわめて好戦的であった。ことにトゥピニキンとボサノヴァはつねに交戦状態にあった。戦争がトゥピ族男性の主要な任務で、勇敢な戦士であることが男性の最高の価値とみなされていた。復讐の連鎖で続けられる戦いは、捕虜の獲得が主な目的で、相手方の土地を奪うことでも住民を殲滅

▲沿岸部のインディオ分布図（16世紀）

▼マンディオッカの製粉　今日マンディオッカはブラジル料理には欠かせない食材である。ヨハン・モリッツ・ルゲンダス画。1822～25年。

することでもなかった。しかしポルトガル人の進出後、インディオは土地を奪われ、奴隷として酷使され、殺戮されるという受難の歴史が始まるが、インディオの生活様式は不慣れな熱帯に定住しようとする白人の生活に影響をあたえ、インディオの言葉がポルトガル語に採り入れられるなど、のちの白人、黒人に先立ってブラジルの基層文化を形成している。

3 パウ・ブラジルの開発

ヴェラクルスからブラジルに

ブラジルを「発見」したカブラルの船団のあと、一五〇一年と一五〇三年の二度にわたってゴンサロ・コエーリョ（一四五一または五四～一五一二）の船団がブラジル海岸に沿って航海探検した。この遠征隊に加わったイタリア人アメリゴ・ヴェスプッチ（一四五四～一五一二）は、帰国後コロンブスの「発見」した地が、北はテラノヴァ（カナダ）から「パパガイオの地（鸚鵡《おうむ》の地）」（ブラジルの別名）まで一続きで、

◀**インディオ間の戦争** ジャン・ド・レリー『ブラジル旅行記』一五七八年。

◀**トゥピ族の捕虜** ドイツ人ハンス・シュタデンは、一五五四年、ボサノヴァ族に捕えられ八カ月間インディオと生活をともにした。『新大陸アメリカの人肉を食べる野蛮な国の歴史』一五五七年。

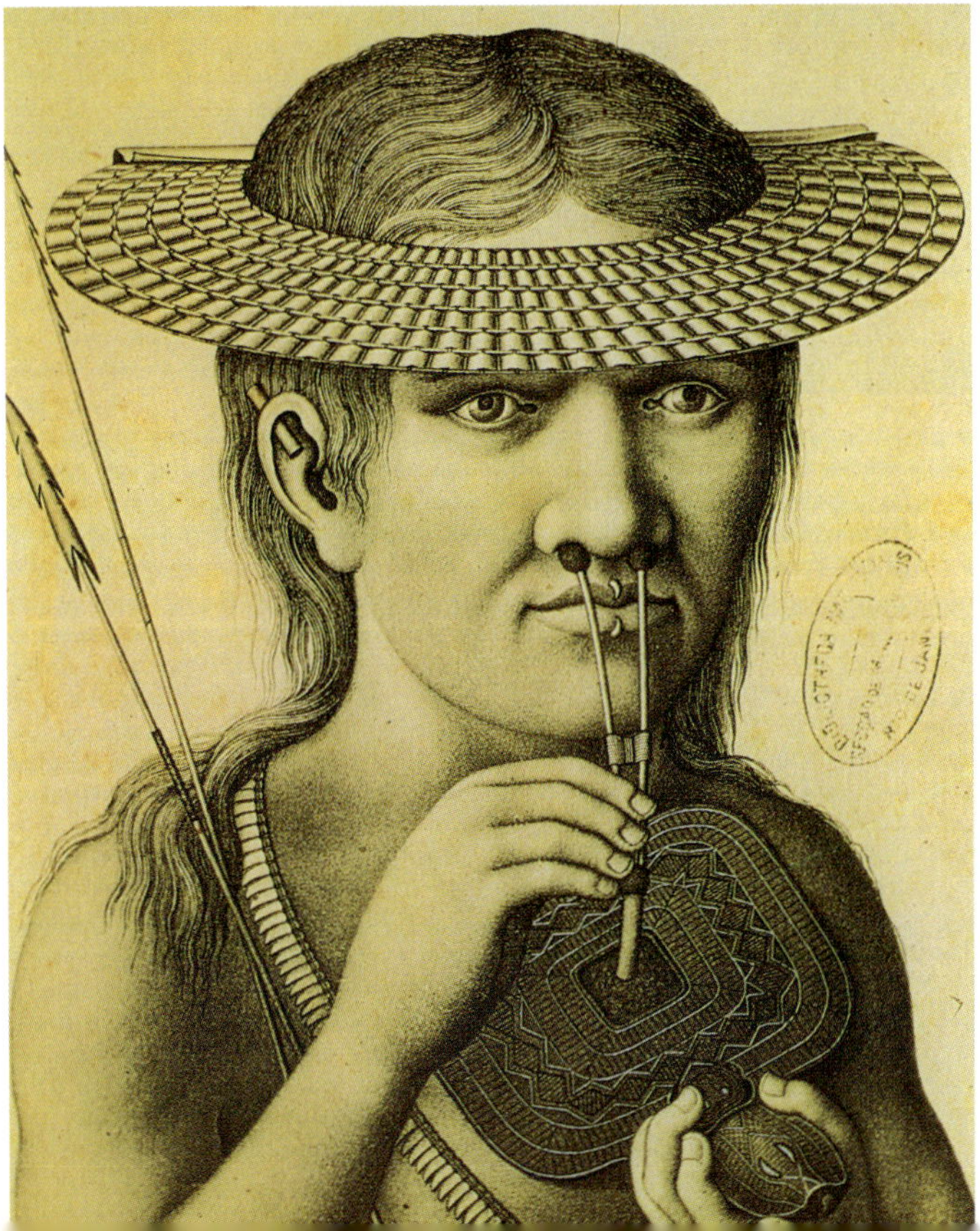

◀**麻薬のコホバを吸引するインディオ** アレシャンドレ・ロドリゲス・フェレイラ『グランパラ、リオネグロ、マトグロッソ、クイアバの哲学的旅行』一九七二年。国立図書館（リオデジャネイロ）。

これまでヨーロッパ人に知られていなかった新しい大陸であることを明らかにした。この記録をもとに、一五〇七年、ドイツ人マルティン・ヴァルトゼーミュラー（一四七〇頃～一五二二）はその世界図に新大陸を記載して「アメリカ」と命名し、ヴェラクルスはほどなくサンタクルスとよばれるようになった。

　ヴェスプッチらの調査で、サンタクルスには赤色染料となるパウ・ブラジル（ブラジル蘇芳《すおう》）以外にめぼしい資源がないことが判明すると、国王マヌエル一世は有望なインドの香料交易に精力を注ぎ、一五〇二年、フェルナン・デ・ロローニャ（またはノローニャ。一四七〇頃～一五四〇頃）らの商人団にパウ・ブラジル開発権を譲渡した。

　当時ヨーロッパでは繊維産業が活況を

▲**ヴァルトゼーミュラーの世界図**　ドイツ人マルティン・ヴァルトゼーミュラーは、一五世紀以降のポルトガル人らの探検航海の成果を採り入れ、大西洋の西に新しい大陸を付け加えた。一五〇七年。アメリカ議会図書館。

◀**パウ・ブラジル**　日本では古代から蘇芳として知られており、ブラジルではリオグランデドノルテからリオデジャネイロまで広く自生していた。その心材をおがくず状に砕いて熱すると赤色の染料が得られる。著者撮影。

▲マリーニの世界図 地図の中心にエルサレムがおかれて中世の地図の名残りがみられ、南北が逆になっているのはアラビア地図の影響を示している。ジェロラモ・マリーニ画。1512年。ピオ・レゼッテ古書図書館（ローマ）。

呈し、それにともなって染料の需要が高まっていた。ポルトガル人は、斧や衣類、雑貨などと交換するかたちでインディオにパウ・ブラジルを伐採、運搬させた。パウ・ブラジルが大きな利益をもたらすようになると、「サンタクルスの地」という地名は、「パウ・ブラジルの地」、さらに略して「ブラジル」とよばれるようになった。一五一二年に制作されたマリーニの世界図はポルトガル領アメリカが「ブラジル」と明記された最初の地図である。

ところが、パウ・ブラジルに関心を示したのはポルトガル人だけではなかった。トルデシーリャス条約の定める世界分割を認めないフランスは、一五〇四年からブラジル海岸に現れ、ポルトガル人と同盟したトゥピニキンとは敵対関係にあるボサノヴァと組んでパウ・ブラジルを伐採しはじめたのである。フランスの進出を放置しておけば、土地が占領されるばかりでなく、そこを基地とするフランスの船がブラジル沖を通過するインド航路を妨害するおそれがあった。危機感を抱いた時の国王ジョアン三世（一五〇二〜五七）は、トルデシーリャス条約で定められた赤道直下からサンパウロの南、南緯二五度付近までの海岸線七三五レグア（約四〇〇〇キロ）を守る対応策を講ずる必要に迫られたのである。

第二章 砂糖農園と奴隷制

1 定住型植民

カピタニア制

ポルトガルの海外進出の形態は、北アフリカのセウタ、インドのゴア、中国のマカオなどに見られるように、王室独占のもとに交易の要衝に建設された商館が武装した船舶に守られて、商品を取引するという「点と線の支配」が中心であった。しかしブラジルにはパウ・ブラジル以外にめぼしい商品がないため、ジョアン三世は、従来の進出形態を改め、民間主導で定住型の植民を進めることにした。王室はアフリカとアジアの対応に精一杯で、ブラジルに直接介入する財政的余裕はなかったからである。一五三〇年、マルティン・アフォンソ・デ・ソーザ（一五〇〇～六四）はジョアン三世から全権を委ねられ、四〇〇人の入植者を率いてブラジルに渡った。周辺海域を調査し、二年後、現在のサンパウロに近いサンヴィセンテ島にブラジル最初の入植地を創設した。サトウキビ栽培を始め、ブラジル開発の先鞭をつけた。

次いで、一五三四年、ジョアン三世は、ブラジルを分割して民間人に譲渡する世襲カピタニア制を導入し、本格的な入植活動に着手した。カピタニアとは、カピタン（領主）が支配する領地を意味する。カピタンは司法・行政・軍事にわたってさまざまの特権を付与されるが、自前の資金で領地を防衛、運営しなければならなかった。領内に入

▲**サンヴィセンテ村**　ソーザは、漂着民としてインディオと生活をともにしていたポルトガル人を介して周辺のインディオの了解を取りつけ、集落の開設にこぎつけた。ブルイス・テイシェイラ『ブラジル水路誌』1573年頃。アジューダ国立図書館（リスボン）。

▲**マルティン・アフォンソ・デ・ソーザ**　当代一の天文学者ペドロ・ヌネスに師事して航海術、数学、地理学を学んだ知性豊かな軍人。1532年ブラジルから帰国、のちインド総督に任命された。リズアルテ・デ・アブレウ画。1563年。ピアポント・モルガン図書館（ニューヨーク）。

植を希望する者に対しては、十分の一税を条件に土地（セズマリア）を分割譲渡した。

　カピタニア制は、主君と家臣の間で行なわれる封建的な土地の授受形態に類似しているが、土地を譲渡された入植者の経営は、後述するように、最初からヨーロッパの市場をめざす資本主義的な性格を帯びていた。ポルトガル人は、熱帯に最初からヨーロッパ経済に組み込まれた新しい植民地経営形態を生みだしたのである。そして、セズマリアという土地の分譲形態は、ブラジルにおける大規模な土地所有制、いわゆるラティフンディウムの起源となった。

　ブラジル領の海岸線全長七三五レグアは、五〇レグア平均に一五のカピタニアに分割された。画定されたのは沿岸部だけで、内陸部はトルデシーリャス条約の分界線まで緯度線に沿って事実上、無限であった。譲渡されたのは、一二人の小貴族、高級官僚、大商人たちで、彼らはみなヨーロッパで需要が期待され熱帯農業に適したサトウキビを栽培した。しかし、その労働力にインディオを利用し、彼らを奴隷扱いしたことから、彼らの反発をまねき、カピタニアの多くはインディオの攻撃にあって壊滅した。最初に生まれたサンヴィセンテのカピタニアを除くと、唯一経営に成功したのは、ドゥアルテ・コエーリョ（一四八五頃〜一五五四）のペルナンブーコだけであった。彼が成功した最大の理由は、インディオと良好な関係を結ぶことができたからである。

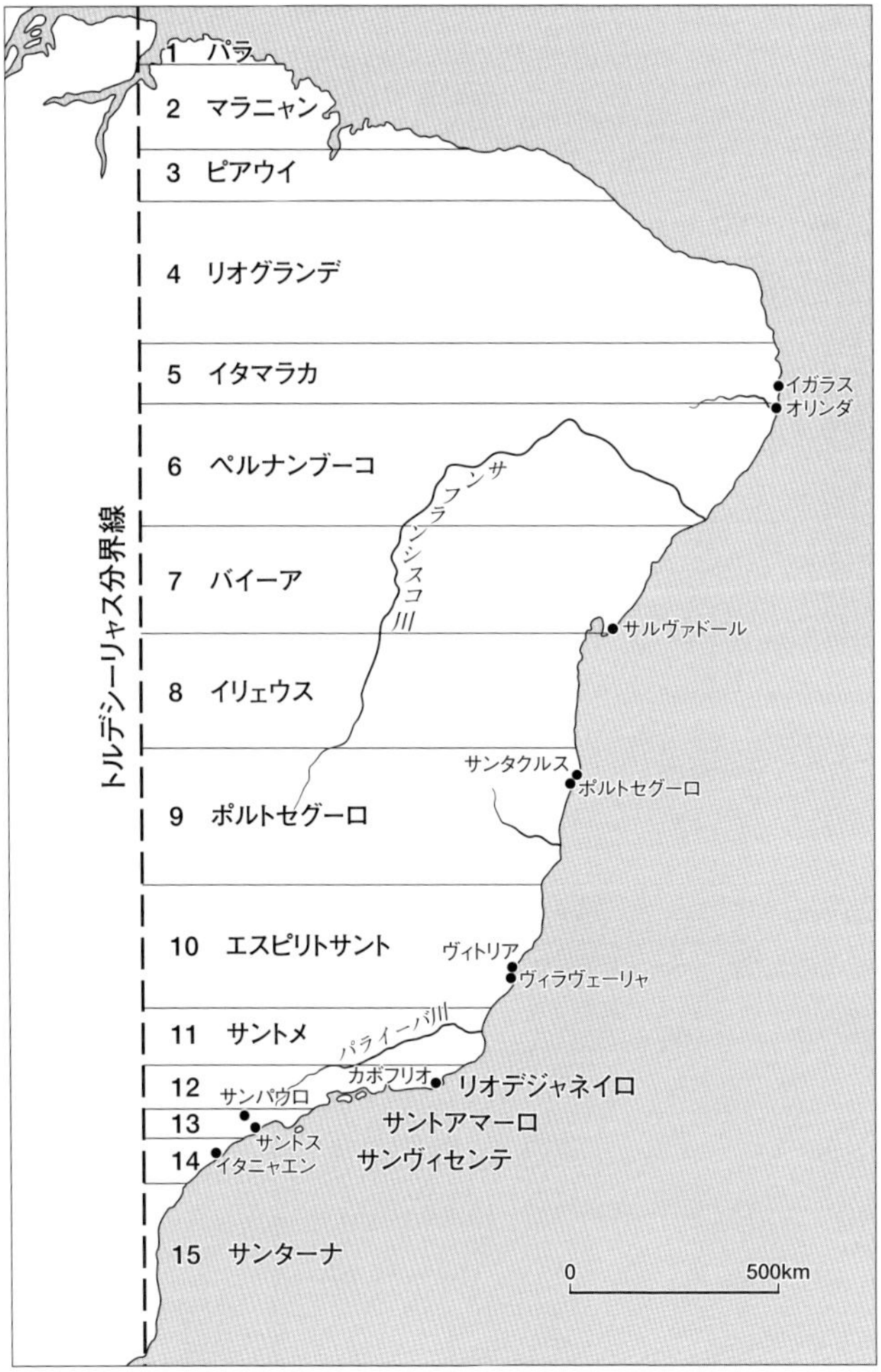

◀**一六世紀のカピタニア**　カピタニア制はブラジルが初めてではなく、すでにマデイラ諸島で施行されていた。海外であらたに獲得した土地はキリスト騎士団の所領とされ、騎士団長である国王が功労のあった臣下に対してその土地の用益権を譲渡した。

初代総督トメ・デ・ソーザ

　このように、ペルナンブーコ、サンヴィセンテ以外のカピタニアは壊滅して、民間人による植民地経営の失敗が明らかになった。その原因は、カピタンたちが開発に必要な資金を十分にもっていなかったこと、さらに農園経営に必要な労働力としてインディオを酷使し、彼らの反発をまねいたことにある。接触当初のパウ・ブラジルの伐採・運搬作業と異なり、農作業はインディオを農地に緊縛し自由を奪う結果となったため、白人とインディオの関係は一気に悪化したのである。しかも白人がもたらした天然痘や麻疹《はしか》は免疫力のないインディオの大量死をまね

▶**トメ・デ・ソーザ**　アフリカ、インドに従軍したのち、ブラジルに赴任した。ブラジルではインディオのなかで生活していた漂流民ディオゴ・アルヴァレス・コレイアを通じてインディオの協力を得ることができた。マリオ・デ・アンドラーデ市立図書館（サンパウロ）。

▲**カピタンたちの紋章**　（右）ペドロ・アルヴァレス・カブラル：カブラルに因んでカブラ（山羊）が描かれている。（左）マルティン・アフォンソ・デ・ソーザ：アフォンソ3世からの血筋をひく名門で、盾には王家の紋章に用いられるキナ（それぞれに5つの星を配した5つの盾）が採り入れられている。

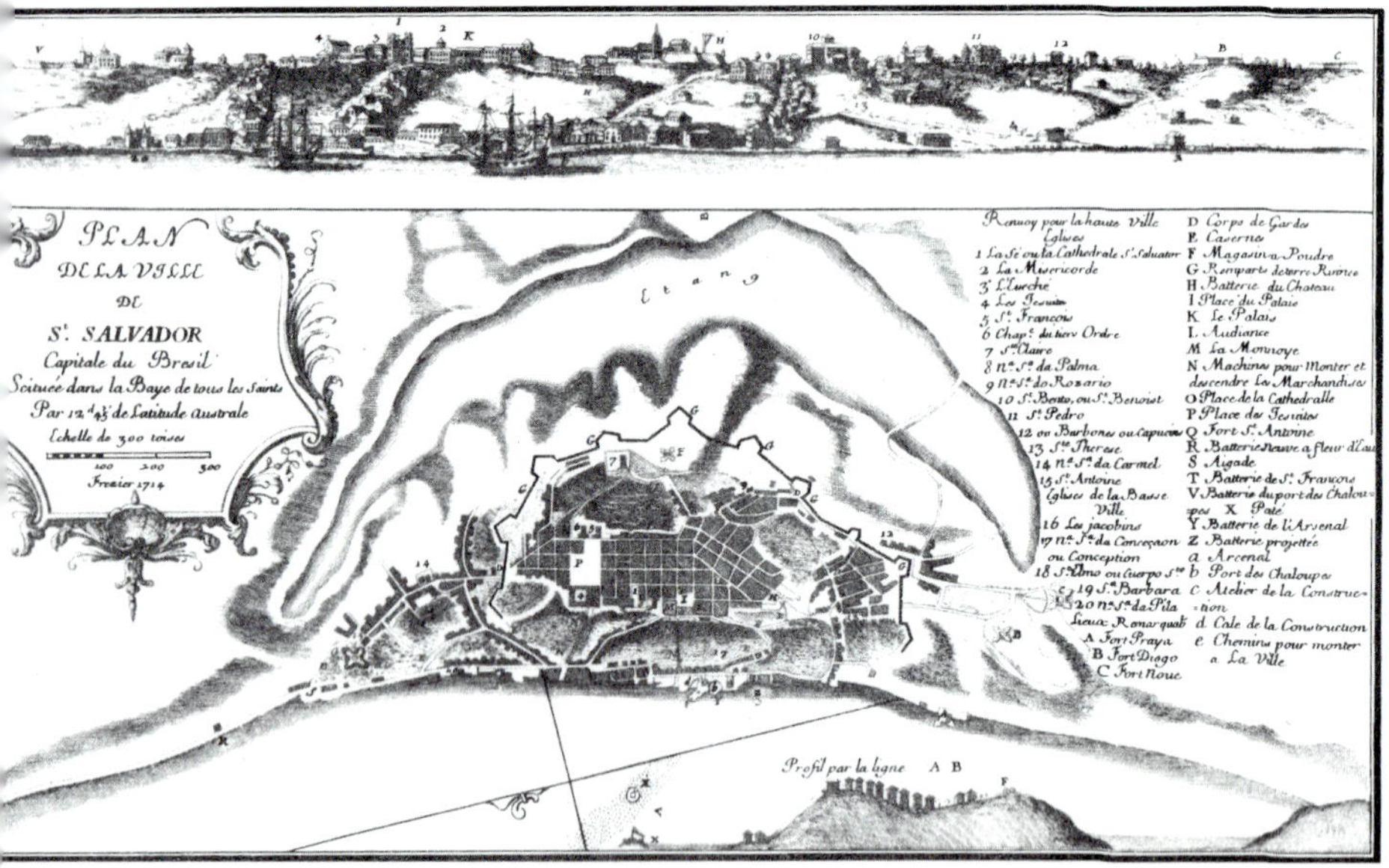

◀**サルヴァドール市街図**　首都建設から一世紀半後に作成されたサルヴァドール図。ポルトガル人は海洋商業民族であったから海外の植民地都市はみな海岸あるいは河川に面した傾斜地に建設された。船着き場に税関所を設け、総督府や教会は坂の上に建てられた。厳格な計画にもとづいて都市を建設したスペイン人に比較して、ポルトガル人は「種を撒くように」無計画に都市を建設したと言われるが、サルヴァドールは地形に沿ってそれなりに計画的な都市づくりが行なわれている。アメデ＝フランソア・フレジエ画。一七一四年。ブラジル歴史地理院（リオデジャネイロ）。

き、インディオ人口を激減させた。

その失敗に鑑みて、一五四八年、ジョアン三世は民間主導のカピタニア制に替えて、国王直属の総督が直接植民地を経営する総督制の採用を決意した。しかし、これによってカピタニアは消滅したわけではなく、世襲制のまま継続する。一五四九年三月、初代ブラジル総督トメ・デ・ソーザ（一五〇三?～七九）は、司法・財政・沿岸防衛三役の長官をはじめイエズス会士マヌエル・ダ・ノブレガ（一五一七～七〇）、一〇〇〇人の入植者をともなっ

▲**サルヴァドール市街図**　ジョアン・テイシェイラ・アルベルナス画。1631年。

てバイーアに到着した。ソーザは、王室の買い上げたバイーアのカピタニアの長官を兼任し、その首都をサルヴァドールと命名した。ソーザは首都の建設、沿岸の防衛に努め、本国からの入植者の移住を積極的に奨励した。

その後、ポルトガル本国がスペインに併合される一五八〇年までに七人の総督がブラジルを統治するが、三代目総督メン・デ・サ（一五〇〇？～七二）は、リオデジャネイロに「南極フランス」を建国しようとしたフランス人を追放し、領土の防衛に成功した。

2 砂糖農園

セニョール・デ・エンジェーニョ……

王室が総督制をしいて本格的に植民地経営に乗り出し、フランスの進出計画を頓挫させた一五六〇年頃からブラジルの砂糖生産は軌道に乗りはじめた。すでに大西洋上のマデイラ島、サントメ島で成功を収めていた製糖の経験がブラジルに導入されたのである。この一六世紀半ば頃からインドの胡椒交易に陰りが見えはじめたことも王室のブラジル開発重視につながった。以後ブラジルに根づいた砂糖産業は、一五七〇年代から一六七〇年代の約一世紀間目覚ましい発展を遂げ、いわゆる「砂糖の時代」を現出した。それはヨーロッパでの需要の大きさを意味している。香辛料と異なり、砂糖は子どもから大人まで広く好まれ、用途も多岐にわたっていたからである。

主要な生産地は、バイーア、ペルナンブーコを中心とする北東部で、農園の数も一五七〇年の六〇から一六二九年には三四六に増加している。砂糖産業が低迷した一六八九年頃でも五二八の農園が一二九万五〇〇〇アロバ（一アロバは一五キログラム）の砂糖を生産していた。

砂糖農園を興すには莫大な費用を要した。土地はいくらでも入手できたが、製

◀**砂糖菓子**　公爵ヨハン・ウィレムの結婚式のデコレーション・ケーキ。一六世紀からヨーロッパの貴族の間では砂糖をふんだんに使うことはまさにステータス・シンボルであった。砂糖はケーキのほかに果物の砂糖漬けやジャムなどに利用され、その需要には限りがなかった。ジウゼッペ・ベルティーニ『アレサンドロ・ファルネーゼの結婚』一五八七年。

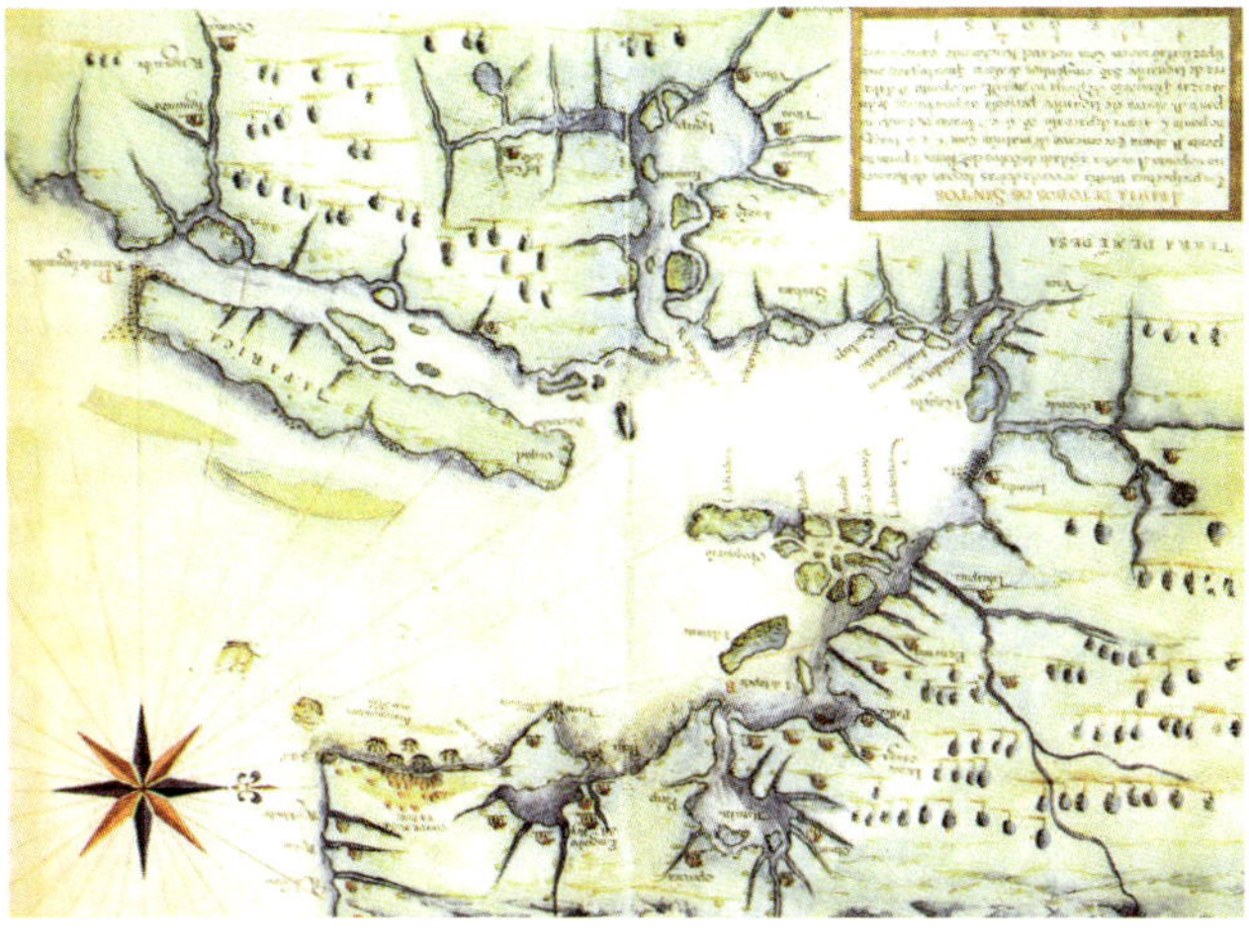

◀**トドス・オス・サントス地図**　左下、帆船が集まっているところにサルヴァドール市があり、海岸線に沿って数多くの砂糖農園が点在している。ジョアン・テイシェイラ・アルベルナス『ブラジル情報』一六二六年頃。ポルト市立図書館。

▲黒人奴隷の担ぐハンモックの白人女性　ツァハリアス・ヴァグナー画。17世紀。ドレスデン銅版画陳列館。
▼エンジェーニョの製糖作業　前景にはサトウキビの刈り取りと運搬、上部には実際にはありえないが水力による搾汁機と畜力による搾汁機が並べて描かれ、右側の小屋では搾られた汁液を煮詰め、容器に入れて固める一連の作業を図解している。ピエール・ファン・デル・アー『世界の楽しい画廊』。アジューダ国立図書館。

糖の要となるサトウキビの搾汁装置エンジェーニョはきわめて高価だったため設置できる農園主は限られた。そこから搾汁装置を意味するエンジェーニョが砂糖農園そのものを指すようになり、砂糖農園エンジェーニョの主人はセニョール・デ・エンジェーニョとよばれた。砂糖がブラジルの富の象徴であったから、セニョール・デ・エンジェーニョは植民地社会で本国の貴族身分に相当する特権階級を形成し、またそのように遇された。入植者はみな農園主になることを夢見た。

とはいえ、この農園主の支配階級プラントクラシーにも大きな格差があった。バイーアではブラカン家、アラガン家、アルゴーロ家、ペルナンブーコではレゴ・バロス家、カヴァルカンティ家、アルブケルケ家などが数少ない名門として海岸部に広大な土地を所有し、社会的・政治的に権勢を誇っていた。彼ら有力者層は、同族結婚を繰り返し、家族同士の連携を強めて権力と財産の維持に努めた。砂糖生産は、植民地時代を通じて、さらに独立後もコーヒー生産が台頭するまでブラジルの主力産業でありつづけたから、ブラジルの経済を支え、支配したのはこれらの有力砂糖農園主層であった。

その一方で、中小農園の浮き沈みは激しく、農園主の入れ替わりは頻繁にみられた。彼らの富と贅沢な生活ぶりは伝説的に語られてきたが、実際の農園主の収益は一〇パーセントから一五パーセントと想像以上に少なく、収益の大半はヨーロッパへの輸出業務を担う商人と船主の手に渡っていた。しかも彼らが搾汁装置や奴隷を購入する資金の多くは借金によって賄われており、資金繰りに行き詰まって農園を手放すことも多かった。

このように、植民地時代初期の主力産業となった砂糖産業は、ブラジルに大土地所有制ラティフンディウム、砂糖生産に特化したモノカルチュア、奴隷制にもとづく社会経済構造を生みだし、それは植民地期・帝政期のおよそ三世紀半にわたって続くことになる。

カザ・グランデとセンザーラ

砂糖農園の生産活動は奴隷労働に支えられていたが、ことに一五七〇年以降の黒人奴隷の導入で、生産量は拡大の一途をたどった。以後、一七世紀半ばまで、ブラジルの砂糖はヨーロッパ市場を独占した。農園は、サトウキビ畑・製糖工場・家畜の放牧場・搾り汁を煮詰めるのに必要な薪を供給する森林からなり、農園主は大邸宅カザ・グランデに起居し、奴隷は奴隷小屋センザーラに寝起きした。大農園には礼拝堂があり、専属の司祭がいた。農園は規模によって六〇人から二〇〇人の奴隷を擁していたが、およそ一〇〇人が平均的な数字である。園内で主人は家父長的権力をもち、奴隷は言うにおよばず、家族も絶対服従を要求された。黒人奴隷は農作業・製糖作業で過酷な労働を強いられた。サトウキビの収穫期には搾汁装置は二四時間稼働した。そのため奴隷たちは長期間労働で集中力を失い、ひき臼に手を引きこまれて重傷を負う者が絶えなかった。一七世紀のイエズス会神父アントニオ・ヴィエイラ（一六〇八〜九七）は、奴隷たちが製糖作業に従事するさまはさながら生き地獄だと述べている。

奴隷たちは過酷な労働や仕打ちに耐えかねてさまざまのかたちで抵抗した。自殺を図ったり、個人や集団で逃亡を試みた。逃亡すると捕獲を専業とするカピタン・ド・マトとよばれた男たちが追跡した。連れ戻された奴隷は見せしめのために公の場で厳しく処罰された。逃亡に成功すると、奴隷たちは周辺の森林に集落キロンボを作り集団生活を営んだ（コラム1「逃亡奴隷の共同体キロンボ」参照）。

3 奴隷制度

インディオから黒人へ

砂糖生産は農業とマニュファクチュアを一体化したもので、サトウキビの栽培から刈り取り・運搬・製糖作業にいたるまで多大な労働力を必要とする労働集約型産業であった。したがって、労働力の確保が経営の成否を左右した。一五七〇年にインディオ奴隷化禁止令が公布されるまで農園の労働力はほとんどインディオに依存していた。初期の農園主にとって、インディオは不可欠な存在であったが、すでに述べたように、インディオの酷使、天然痘や麻疹の感染によってその数は激減していた。その一方で、インディオのキリスト教布教という大きな使命をもって渡ってきたイエズス会士たちは、ポルトガルのブラジル進出に加担する一

▲カザ・グランデ　オランダの支配下にあったペルナンブーコのエンジェーニョ。手前に製糖工場、背後にカザ・グランデ、丘の上に十字架を掲げた礼拝堂が見える。フランス・ポスト画。1650年。ティッセン＝ボルネミッサ美術館（マドリード）。

◀奴隷小屋センザーラ　一般的に長屋風の小屋で、男女は部屋を別にし、子どもは女性と寝起きした。夫婦の奴隷は独立した小屋に住むこともあった。奴隷主は奴隷の逃亡をおそれ、見張りの必要上、センザーラはカザ・グランデに接して建てられた。J.M.ルゲンダス画。

▼▲鞭打ちの刑　主人に抵抗したり、逃亡を試みた者は官憲に引き渡され、見せしめのため広場で鞭打ちの刑に処せられた。その後、留置所に連れて行かれ、傷口が悪化しないように胡椒と酢が塗りこまれた。J.M.ルゲンダス画。

▼アントニオ・ヴィエイラ神父　17世紀のイエズス会士。リスボンに生まれ、15歳でサルヴァドールのイエズス会に入会した。黒人ことにインディオの保護に尽力した。1640年、スペインからの再独立に際してジョアン4世の外交官として活躍したが、新キリスト教徒を擁護したため異端審問にかけられた。雄弁家として知られ、彼の説教集はポルトガル語の古典とみなされている。熱帯科学研究院（リスボン）。

方で、インディオの教化に献身し、彼らを保護したため、入植者との間に軋轢《あつれき》を生んだ。そのイエズス会を海外に派遣するポルトガル国王は、一五世紀以降ローマ教皇から海外進出と「新発見地」の領有を認めてもらう見返りに布教保護権という名のもとに海外での布教と教会の保護を義務づけられていた。が、同時にブラジルの所有権をもつキリスト騎士団長として植民地の経済開発を奨励し、収益をあげる必要があった。生産される砂糖の収益の十分の一税をはじめ数々の税がキリスト騎士団長たる国王の収入となっていたからである。

◀**ブラジルの使徒アンシエッタ神父**　一六世紀半ばのイエズス会士。先住民インディオの改宗に献身し、トゥピ語最初の文法書を著した。著者撮影。

　このインディオの奴隷化か保護かというディレンマを解決するために定められた法律が、一五七〇年のインディオ奴隷化禁止令である。中世レコンキスタの時代には、イスラム教徒はキリスト教徒ポルトガル人、スペイン人の敵で、改宗を目的に異教徒と戦うことは聖戦であり、捕虜を奴隷にすることも認められてきた。しかし新大陸ではインディオはキリスト教徒の敵ではなく、布教の対象として保護すべきものとみなされ、奴隷化禁止令が公布された。しかし、それはあくまでも白人に抵抗しないという条件つきで、抵抗するインディオは捕獲し、奴隷にすることができた。また、とくにトゥピ族にみられた食人の習慣も野蛮な行為をやめさせるためと称して奴隷化の口実に利用された。

　インディオの奴隷化禁止令が公布され黒人奴隷の導入が認められてから、アフリカから輸入される黒人奴隷の数はしだいに増加していった。黒人奴隷は高価だったが、農作業ではインディオよりはるかに効率的だったからである。一六二〇年以降、その数はインディオ奴隷の数を上回るようになった。

◀**束の間の幸福**　過酷な労働の合間に黒人たちは故郷アフリカのダンスに興じ、束の間の幸福に浸った。彼らの伝えたダンスと音楽はのちにヨーロッパ系の伝統と融合してアフロ・ブラジル芸術を生みだす。ツァハリアス・ヴァグナー画。一七世紀。ドレスデン銅版画陳列館。

混血社会の成立

一六世紀初頭のブラジル開発以来、白人入植者は圧倒的に男性の数が多く、そのため現地のインディオ女性との間にマメルーコとよばれる混血が生まれた。その後アフリカから導入された黒人はインディオより適応性があり、黒人女性との間に生まれた混血ムラートは白人家庭の使用人として重宝がられた。ムラートは、白人の家族を頂点とし黒人奴隷を底辺に形成される農園社会のなかで中間的な位置を占めた。奴隷制社会はまた肌の色の違いによる差別的社会でもあった。混血が繰り返され、白人とムラート、ムラートと黒人の間の肌の色に境界の見えない複雑な混血社会が形成されていった。このムラートの存在は、白人と黒人が厳格に区別された北アメリカの奴隷制社会との相違を示す特徴となっており、そのことがまた差別の構造を見えにくくしている。

（1000人）

地域および国	1451～1600	1601～1700	1701～1810	1811～1870	合計
英領北アメリカ	—	—	348.0	51.0	399.0
スペイン領アメリカ	75.0	262.5	578.6	606.0	1552.1
英領カリブ	—	263.7	1401.3	—	1665.0
仏領カリブ	—	155.8	1348.4	96.0	1600.2
ルイジアナ	—	—	28.3	—	28.3
仏領ギアナ	—	2.0	35.0	14.0	51.0
オランダ領カリブ	—	40.0	460.0	—	500.0
デンマーク領カリブ	—	4.0	24.0	—	28.0
ブラジル	50.0	560.0	1891.4	1145.4	3640.8
旧世界	149.9	25.1	—	—	175.0
合計	274.9	1341.1	6051.7	1898.4	9566.1

▲**新大陸の奴隷輸入数　1451～1870年**　出所：金七紀男『ブラジル史』p.47.

三角貿易

一五世紀からいち早くアフリカに進出していたポルトガルは、マデイラ島、サントメ島の砂糖農園に奴隷を供給しており、ブラジルにもわずかながらすでに一五三〇年代から黒人奴隷が導入されていた。一七世紀半ばまでポルトガルは西アフリカの奴隷貿易を独占しており、ブラジルへの奴隷貿易はポルトガルにとって重要な収入源であった。ブラジルに輸入された奴隷の数は、一五五一年から一六〇〇年までに五万人、一七世紀に入ると、一六〇一年から二五年までに一五万人と急増した。しかし対オランダ戦争とヨーロッパでの砂糖価格の下落で、一六二六年から五〇年までは五万人にとどまり、その後ふたたび増加し、一七世紀前半までに二五万人の奴隷が輸入された。

ポルトガル人が手にした奴隷の見返りにアフリカにはブラジル産のタバコとラム酒、本国から繊維製品、ビーズやブレスレットなどの装身具、火器・弾薬が輸出された。アフリカからはポルトガルに召使として使われる奴隷や象牙などが送られた。そして本国からブラジルには小麦・ワイン・オリーブ油などの食料品や衣類・武器弾薬・工具類などの工業製品が輸出された。このように、大西洋を中心にブラジル、アフリカ、ポルトガルが商品によって結ばれ、のちにカリブ海諸島における砂糖産業の発展によってアメリカ、アフリカ、ヨーロッパを結ぶ、いわゆる三角貿易システムが形成される。しかしながら、貿易の担い手はヨーロッパ人で、彼らはアメリカの砂糖産業に不可欠な奴隷貿易によってアフリカの人口を枯渇させ、アメリカ領を植民地としてヨーロッパ宗主国に従属させるという不平等な関係をつくりあげた。

4

オランダの北東部支配

西インド会社の進出

すでに述べたように、一五八〇年ポルトガルはスペインの支配下に入ったが、ポルトガル王国はそのまま存続し、その植民地もポルトガル人によって運営された。そのためポルトガルは当時スペインから独立をめざして戦っていたオランダを敵に回すこととなった。ポルトガルとの交易を阻止されたオランダは、東インド会社を創設してポルトガルが独占していたアジアの香料交

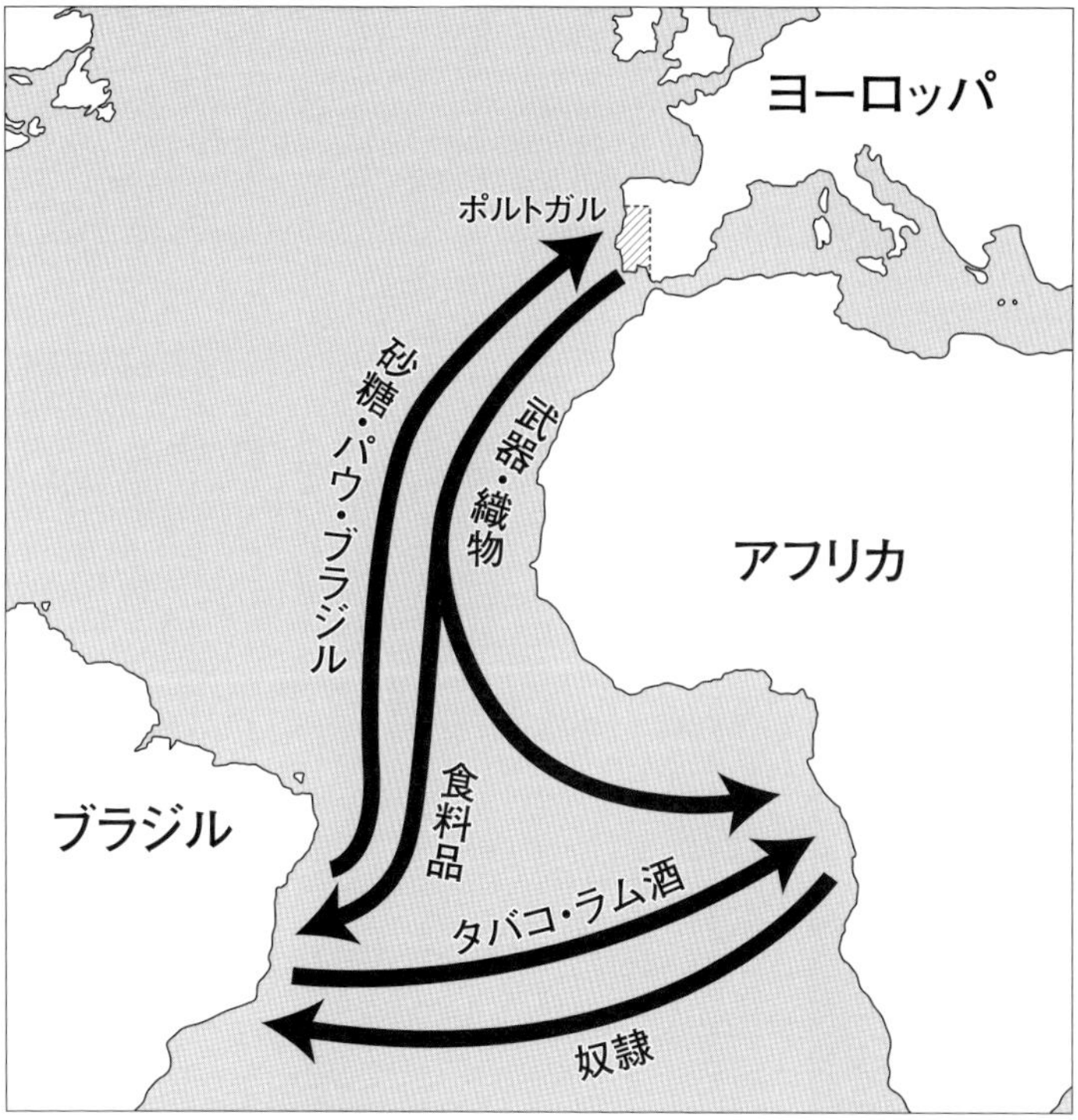

▲環太平洋のポルトガル三角貿易図

▼オランダ支配下のペルナンブーコ　左上はマンディオッカの植えつけから製造まで、下はサトウキビの刈り取りから製糖作業までの工程を描いている。ヨハン・ニューホフ『ブラジル旅行記』1682年。

易に参入し、さらに新大陸の交易のために、一六二一年、西インド会社を創ってブラジルへの進出を試みたのである。

一六三〇年、オランダは七〇隻の大艦隊でペルナンブーコを攻撃し、レシーフェとオリンダを征服した。この時期、退潮の兆しをみせていたスペインはヨーロッパでの三〇年戦争に追われ、ポルトガル領にまで手が回らない状態だった。

一六三六年、オランダ領ブラジルの総督に就任したヨハン・マウリッツ・ファン・ナッサウ＝ジーゲン伯（一六〇四～七九）は、海上覇権にもとづく貿易を基本戦略とするオランダ本国の意向を無視してブラジル領地の拡大を図り、領域支配をともなう定住型の植民地建設に着手した。サルヴァドールの攻略に失敗したが、その支配領域は、北はマラニャンから南はセルジーペまで広がった。こうして、一六五四年にオランダが

◀マウリッツ・ファン・ナッサウ　ナッサウは新オランダの首都をレシーフェに定めると、マウリッツスタットを創った。同行した画家フランス・ポスト、アルベルト・エックハウト、人文主義者エリアス・ヘックマン、医者ウィレム・ファン・ミラエン、博物学者ウィレム・ピソらの知識人は熱帯ブラジルの自然やインディオを描き、熱帯の動植物を研究して、経済開発一辺倒だったブラジルにルネサンス文化の息吹をもたらした。ミヒール・ファン・ミーレフェルト画。一六二〇～二五年。グロボア城（ボワシー・サン・レジエ）。

▶新首都マウリッツスタット　ナッサウは宮殿の庭園に二〇〇〇本のヤシの木を植え、ブラジルの動植物を集めて植物園と動物園を作った。

ブラジルから追放されるまで、ブラジルはポルトガル領とオランダ領に二分されることになる。ナッサウは、戦闘で荒廃した砂糖農園の回復を図るために、旧地主への農園の返還、低利での資金貸与、税の軽減を実施して占領下のポルトガル人との和解に努めた。

オランダの撤退

一六四〇年、カタルーニャの反乱を機にポルトガルはスペインから再独立を宣言し、ブラガンサ公爵がポルトガル王ジョアン四世（一六〇四～五六）として即位する。一六四四年、会社の意向に沿わないナッサウが総督職を罷免されて帰国すると、寛容政策は影をひそめてオランダ商人とポルトガル人農場主との間の対立が激化し、各地でオランダ人に対する反乱が起こった。第一次英蘭戦争（一六五二～五四年）でオランダが敗北を喫し、ブラジルへの支援が手薄になると、イギリスの支援を受けたポルトガル軍は、一六五四年、ついにオランダをブラジルから撤退させることに成功した。しかし撤退したオランダ人は、キュラソーやカリブ海域諸島にブラジルで習得した砂糖の生産活動を展開して、四半世紀後ブラジルの砂糖産業を窮地に陥れることになる。

▶**文明と野蛮**　上図の男女は下着をつけ、遠景には砂糖農園が描かれている。下図の男女は下着をつけず、女性は切断された脚が入った籠を背負い、手にも切断された腕を持つ。「文明化されたインディオ」トゥピ族と「野蛮のインディオ」タプイア族が対比されている。アルベルト・エックハウト画。1641年。デンマーク国立博物館（コペンハーゲン）。

▲**『ブラジル博物史』**　1648年、ウィレム・ピソによってラテン語で書かれた熱帯の医学、植物学、動物学の書。リンネなど後世の博物学者に影響をあたえた。

第三章　金鉱開発と内陸進出

1　金の発見

重商主義の強化

すでに見たように、一六四〇年、本国ポルトガルはスペインから再独立を宣言するが、スペインとの戦いは一六六八年まで続く。オランダとは、アジア、アフリカ、ブラジルで戦いを繰り広げたが、最終的にはアジアを犠牲にしてブラジルを確保した。アフリカの奴隷供給地もオランダから奪回した。一五八〇年にポルトガルが独立を喪失したのはインド香料交易の衰退が原因であったとするならば、スペインから再独立を達成できたのは、ヨーロッパへの輸出で繁栄するブラジル砂糖産業のおかげであった。

ジョアン四世は海外植民地を統轄する海外顧問会議を創設し、ブラジルに対して中央集権化政策を強めた。疲弊した国の財源を確保するために、砂糖などに重税を課す厳しい重商主義政策を推進した。幸い、国際情勢の悪化で低迷していた砂糖価格は、一六四〇年からふたたび上昇しはじめる。

ところが、砂糖価格の上昇は、カリブ海域諸島の入植者に砂糖生産の参入を促した。その生産技術を伝えたのは、ペルナンブーコで砂糖生産に関わったオランダ人であった。一六四三年には早くもバルバドス島産の砂糖がヨーロッパ市場に現れている。九年後、オランダがブラジル北東部から追放されると、カリブ海域諸島の生産は急速に拡大した。イギリス、フランスは自国領産の砂糖を購入してブラジルの製品を国内市場から締め出した。その一方で、カリブ海域諸島での奴隷の需要の高まりで、奴隷価格は急騰した。この砂糖価格の暴落と奴隷価格の急騰にくわえて重商主義政策を進める本国政府の重税によって、一六七〇年代からブラジルの砂糖産業は深刻な危機に陥った。

バンデイランテの奥地探検

本国の財政を支えていたブラジル砂糖産業の衰退で、本国政府は新たな財源を模索しはじめた。国内では奢侈禁止令を公布して貴金属の流出を抑えるとともに、毛織物などのマニュファクチュアの保護育成に乗り出した。そしてブラジルではかつて試みられた貴金属の探索が奨励されたのである。そもそも海外進出は貴金

▲ジョアン四世　ジョアン三世の弟ドゥアルテの血筋をひくブラガンサ公爵ドン・テオドジオの息子。一九一〇年まで続くブラガンサ王朝の開祖。ジョゼ・デ・アヴェラール・レベロ画。一六四三年。ヴィラヴィソーザ公宮殿。

属の獲得が動機の一つであった。ことに一五四五年スペイン領のポトシで大規模の銀山が開発されて以来、ブラジルでも貴金属を求めて内陸探索が行なわれてきた。一七世紀前半まで植民地政庁の主導で行なわれた奥地探検はエントラダとよばれる。

このエントラダに対して、一七世紀からサンパウロの民間人が自前の資金で行なった奥地探検をバンデイラとよび、その担い手をバンデイランテと称した。探検隊は隊長の出自が、実際はそうでない場合でも貴族であることを誇示する旗（バンデイラ）を掲げていたからである。エントラダと異なり、バンデイラは貴金属の探索のほかにインディオの奴隷狩りも積極的に行なった。アフリカの奴隷供給地が一時オランダに占領され、アフリカからの奴隷の輸入が困難になったからである。それまでも「正当な戦争」を装って内陸部でインディオの奴隷狩りが行な

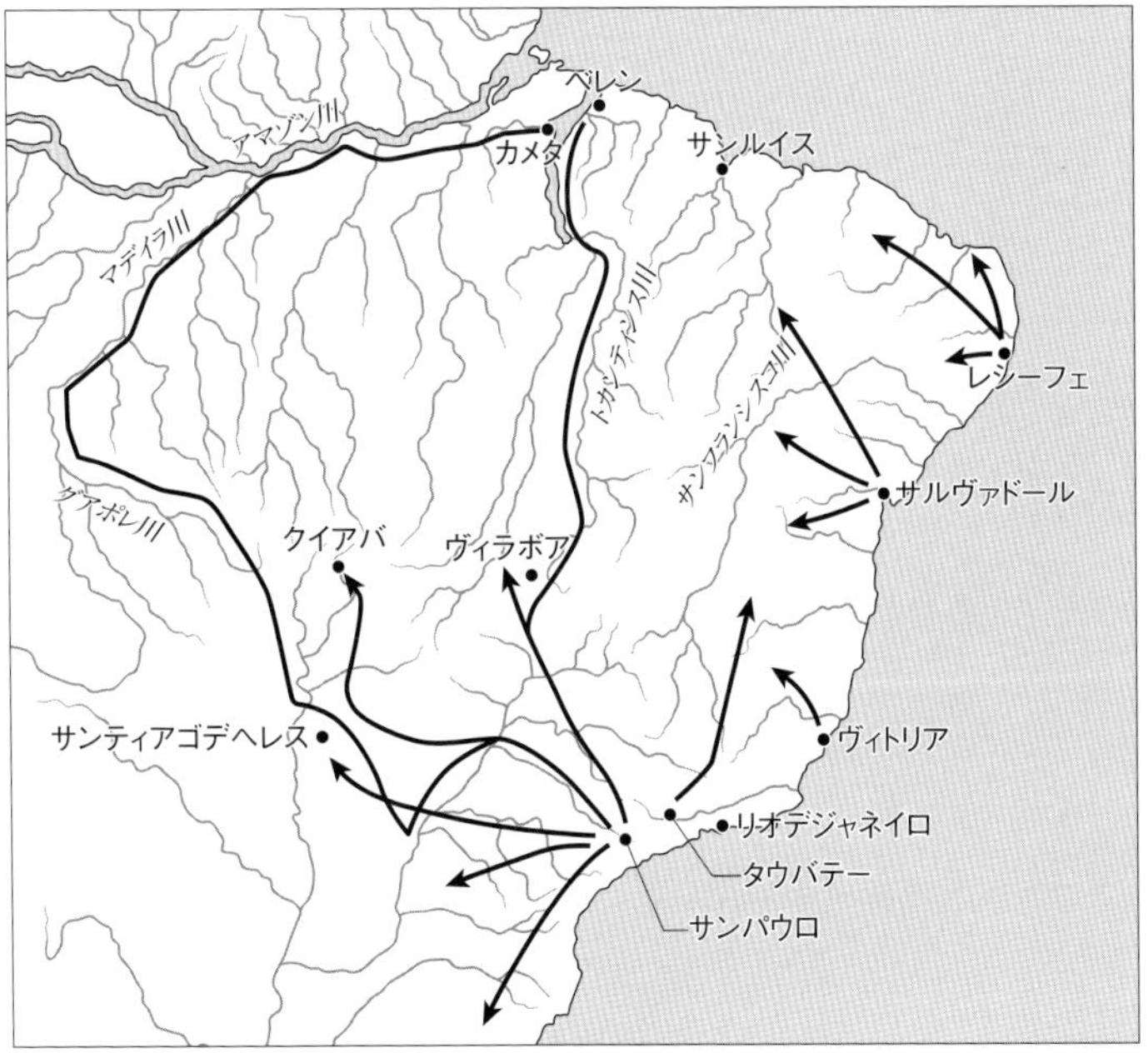

▲**エントラダとバンデイラ**　バンデイランテの一人、アントニオ・ラポーゾ・タヴァアーレスは、二〇〇〇人以上のインディオを率いて南に向かい、スペイン領の教化村を襲撃して少なくとも三万人のグアラニ族を捕獲した。その後、グアポレ川からマデイラ川沿いに進んでアマゾン川河口に達し、結果的にブラジル領を拡大した。

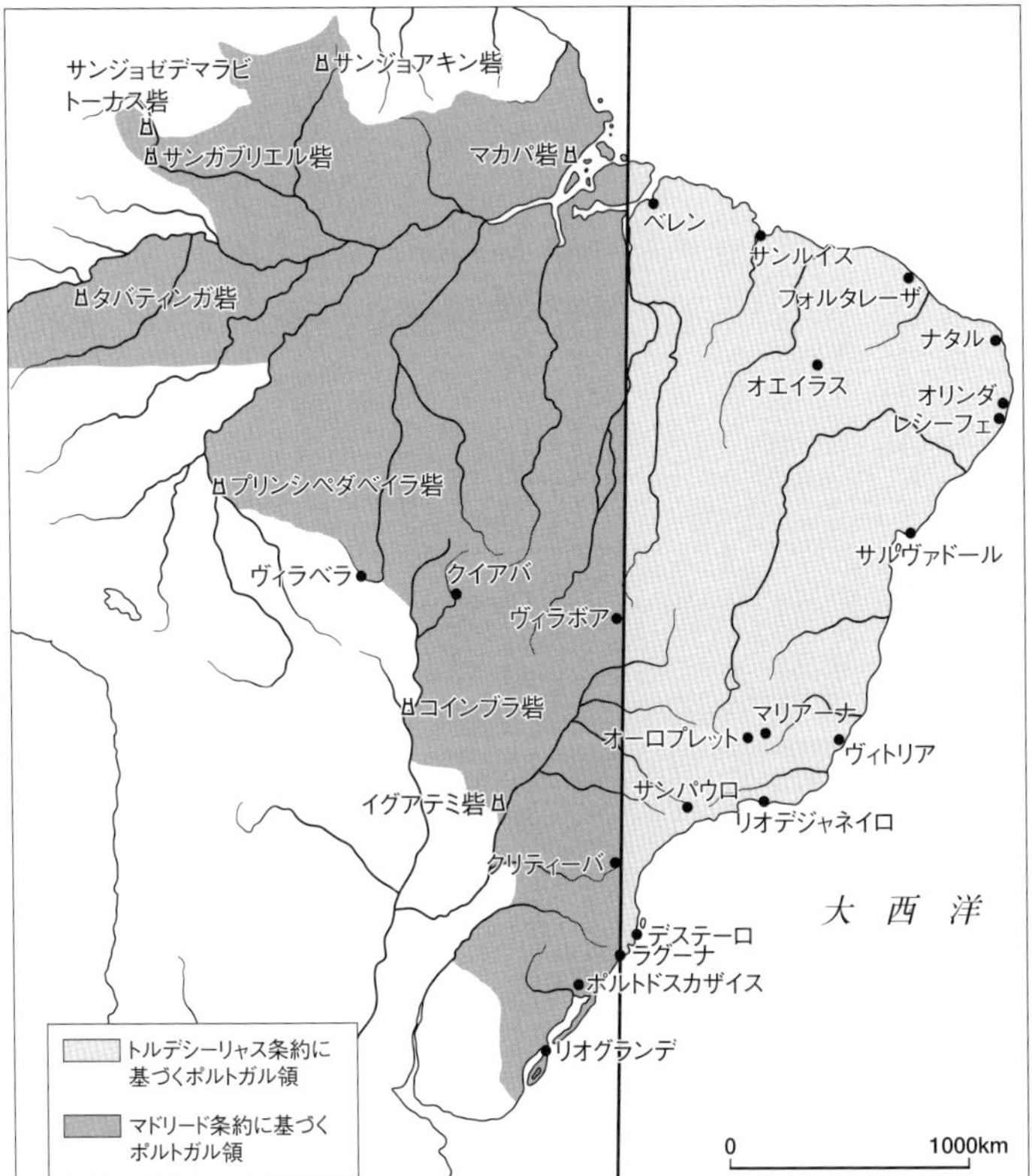

▲**マドリード条約に基づく領土の拡大**　「占有保護命令」の原則に従い、ポルトガルはトルデシーリャス分界線以西の領土を認められた。同時にポルトガルがサクラメントと命名して領有していたラプラタ川右岸をスペインに譲渡し、代わりにウルグアイ川中流域のシエテ・ミシオネスを手にした。しかしこの地域の領有をめぐってその後も両国の争いは絶えず、一九世紀にウルグアイの建国によって最終的な決着をみる。

われていたが、バンデイラは数百人、ときには千人を超える人員で構成されていた。その多くはインディオ、インディオ

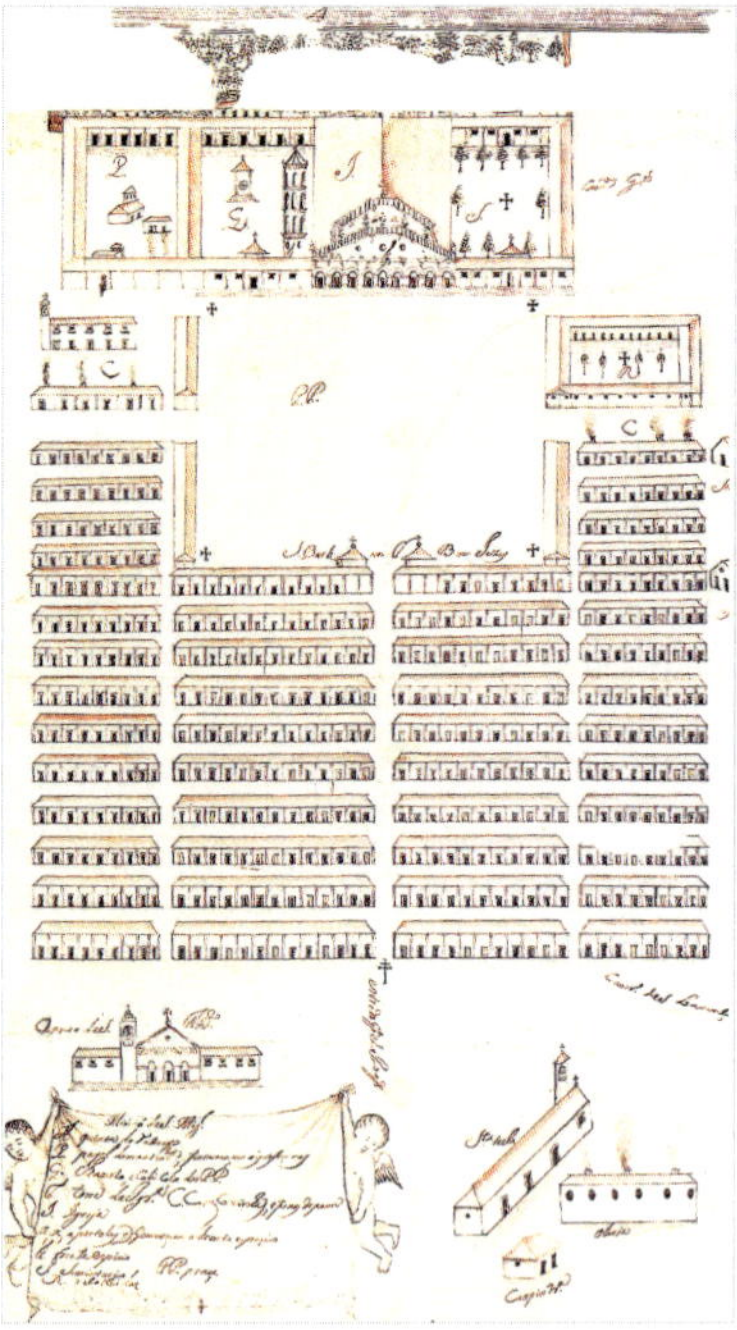

▶**サンミゲル教化村** スペイン領のグアラニ族の集落。一六八七年には四〇〇〇人余りのインディオが集団生活を送っていた。彼らはイエズス会士からキリスト教に改宗させられ、労働することを教えられた。現在、その遺跡は世界遺産に登録されている。

◀**一八世紀初頭のミナスジェライス**

と白人の混血マメルーコで、戦うことを最高の名誉と考えるインディオは、インディオ狩りに加わることをいとわなかった。

探検隊は、トルデシーリャス条約で定められた分界線を越えてスペイン領にまで進出した。ことにラプラタ川上流には、スペインのイエズス会によってキリスト教に改宗させられ集団生活を送るグアラニ族の教化村レドゥサンが集中しており、それらの集落は探検隊の恰好の襲撃目標となった。一六二一年から四一年の二〇年間に六万人ものインディオが捕獲されたと言われている。トルデシーリャス条約の分界線を越えた探検隊の内陸進出は、ポルトガル領の拡大、一体化につながり、一七五〇年マドリード条約で既成事実が認められ、ほぼ現在に近い国境が定まった。

金脈の発見

一六七〇年代からは王室からの要請もあって貴金属を探索するバンデイラが組織された。一六七四年からマンティケイラ山脈の北麓一帯が踏査され、一六九三年、アントニオ・ロドリゲス・アルザン(?～一七三〇?)がエスピニャーソ山脈の西側でついに待望の砂金を発見した。五年後の一六九八年、オーロプレットでの金脈発見によって金の採取は本格化した。周辺地域でも次々と鉱脈が発見され、まもなくこの地域はミナスジェライスとよばれるようになる。

金脈発見のニュースが伝わると、沿岸部の住民のみならず、本国からも一攫千金の夢を抱いた人びとが大西洋を越えて押しよせてきた。ミナスジェライスの内陸部に突如ゴールドラッシュが現出した。初期の採金が川床に沈殿している砂金を探し出すという単純で費用のかからない作業だったこともゴールドラッシュに拍車をかけた。最初の一五年間に流入した人びとの数は三万とも五万とも言われている。金鉱地帯での人口の急増は深刻な食糧不足をまねき、金を手にしながらも飢えで死ぬ者が続出する有様だった。

一七〇八年、発見した金脈を独占しようとしたパウリスタ(サンパウロ住民)と沿

▶**オーロプレット** エンボアーバ戦争後、オーロプレットはミナスジェライス治安維持のため、一七一七年、町に昇格し、当初はヴィラリカデオーロプレットとよばれた。一七二〇年、ミナスジェライスの首都となり、金生産の最盛期には人口二万五〇〇〇を数えた。J・M・ルゲンダス画。

▶**洗鉱法** 初期の採金は採取人が川床の砂金を木製の器で採集するという単純な作業であったが、一七二〇年代から洗鉱法ラヴラという大掛かりな採掘法が採用されるようになった。それだけに大量の労働力と資金を必要とし、鉱山主はセニョール・デ・ラヴラとよばれた。

岸部や本国からやってきた新参者との間にエンボアーバ戦争が起こった。エンボアーバとはトゥピ語でよそ者を意味する。戦いは二年にもわたり、装備と人数に勝る新参者が勝利を収めた。撤退をよぎなくされたパウリスタたちはさらに奥地に入って、あらたにゴイアスやマトグロッソ、バイーアで金脈を発見することになる。

金のブームは一八世紀半ばまで続き、ブラジルは文字通り「黄金時代」を迎えた。生産量は、発見時から一七二〇年代まで着実に上昇し、一七二〇年代から一七五〇年代にかけて最盛期を迎え、以後世紀末までゆるやかに下降していった。密輸が多く正確な数値は算出できないが、公式の記録では一八世紀の生産量は約一七三トンで、最盛期の一七三〇年代半ばから一七六〇年前半にかけて毎年一万キロ以上の金が生産されている。当時、人びとの関心は金の採掘に集中していたが、一七六〇年における砂糖の総生産額は、輸出総額の五〇パーセントを占めており、四六パーセントの金の輸出額をわずかながらも上回っていた。砂糖生産は依然としてブラジル経済の基軸であった。

金に続いて、一七二七年からミナスジェライスのティジューコ（現在のディアマンティーナ）にダイヤモンドの鉱脈が発見された。以後、次々と新しい鉱脈が発見され、ブラジルは一躍世界有数のダイヤモンド産地となった。一七四〇年から一八一〇年までの七〇年間に約三〇〇万カラットのダイヤモンドが採掘されている。

(kg)

1700～05年	1,470	1750～54年	15,760
1706～10	4,410	1755～59	12,616
1711～15	6,500	1760～64	10,499
1716～20	6,500	1765～69	9,759
1721～25	7,600	1770～74	8,779
1726～29	8,500	1775～79	8,118
1730～34	9,000	1780～84	6,284
1735～39	14,134	1785～89	4,911
1740～44	14,147	1790～94	4,510
1745～49	14,812	1795～99	4,399

▲**金の生産量統計　1700～1799年**
出所：金七紀男『ブラジル史』p.60.

五分の一税

念願の金の発見によって新たな財源を手にした本国政府は、無法地帯と化した鉱山地帯に秩序をもたらそうと、ミナスジェライスの支配を強化しはじめた。一七〇〇年、採取された金の五分の一を国王キント税として王室に納めることを義務づけ、二年後には、新しい鉱山法を公布して鉱区の分配法を定めた。行政を効率化するために、一七二〇年、ミナスジェライスはリオデジャネイロから切り離されて、あらたに独立したカピタニアとなった。

鉱山地帯では監視の目を逃れて金の隠匿や密輸が広く行なわれていた。それを防止し五分の一税を確実に徴収するために、一七一九年、鋳造所が創設された。これによって採金業者は採取した金をすべて鋳造所に引き渡し、五分の一を差し引かれたのち、王室の刻印の押された延べ棒のかたちで残りを受け取った。延べ棒にされていない砂金や金塊を所持する者は全財産を没収された。そのほかにもさまざまな税が課せられていた。この厳しい統制に不満を抱いた住民は、しばしば各地で反乱を起こしたので、一七二九年には治安維持のために竜騎兵隊が創設された。

◀**ダイヤモンドの採掘**　一七二九年、ダイヤモンドの採掘は王室の独占となった。ダイヤモンド鉱区が設定され、採掘は厳しい監督下におかれた。カルロス・ジュリアーノ画。一八世紀。

2 内陸都市の発展

中間層の形成・知識人の誕生……

金鉱の発見は、ブラジルの社会に大きな変化をもたらした。内陸部の開発が急速に進み、鉱山地帯に人口が集中した。一五〇〇年の「発見」から一世紀たった一六〇〇年のブラジルの人口はおよそ一〇万、砂糖生産の最盛期が過ぎた一七〇〇年でもせいぜい三〇万にすぎなかったが、一八〇〇年には三二五万と、ゴールドラッシュの一八世紀、ブラジルの人口は一〇倍以上に膨れ上がっている。ミナスジェライスだけみても、最盛期に近い一七三九年までには三〇万を数え、植民地政庁の懸命な人口流入制限にもかかわらず、ブラジルでもっとも人口稠密《ちゅうみつ》な地域となった。

こうして、内陸部の鉱山地帯には、砂

◀**金の延べ棒**　左端にポルトガル王室の紋章が刻印されている。国立歴史博物館（リオデジャネイロ）。

▼**ジョアン5世のドブラン金貨**　ジョアン5世治世下の1724～27年にオーロプレットで鋳造された金貨。額面二万レイス、重さ53.5グラム。今日まで世界に流通したもっとも価値のある金貨とされている。裏面には「この印（十字）によりて汝は勝利せん」の銘が刻まれている。

◀**金の密輸**　密輸を防止するために旅行者は持物を点検され通行税の支払いを義務づけられたが、聖職者ごとに修道僧は布教保護権によって検査を受けることなく通行する特権が認められていた。修道僧のなかにはその特権を悪用して聖人像の中をくり抜いて金やダイヤモンドを隠す者も現れた。その種の聖人像は「空洞の聖人さん」とよばれた。このためミナスジェライスでは修道院の建立は禁止された。

糖農園の自己完結的な農村社会とは様相を異にし、採金業者と奴隷をはじめ官吏・軍人・商人・手工業者・聖職者など多様な職種の人間からなる開かれた社会が形成された。のちには自由業者、文筆家なども生まれ、富裕な家庭では子弟を本国のコインブラ大学に留学させるようになった。一七七二年から八三年の間におよそ三〇〇人のブラジル出身者がコインブラに在籍しており、彼らの多くはその後フランスなどで学んだ。彼らは、当時ヨーロッパを風靡していた啓蒙主義の影響を受け、のちにブラジル独立運動の思想的基盤を形成することになる。

解放奴隷の誕生

ミナスジェライスの社会も奴隷制にもとづいており、奴隷は砂糖農園の作業に劣らない、あるいはそれ以上に過酷な労働を強いられた。一八世紀全体を通じてブラジル全体で一七〇万人の黒人奴隷が輸入されており、これは「砂糖の時代」よりもはるかに多い。しかし、鉱山主の抱えている奴隷の数は多くなく、平均一〇人前後であった。砂糖農園における奴隷と異なる点は、解放奴隷が出現したことである。鉱山地帯では自由時間に鉱区外で採取した金や主人から得た報償金を蓄えて自由身分を買い取る奴隷が生まれた。奴隷たちは相互扶助の講をつくり仲間を解放していった。解放奴隷のなかにはみずから奴隷を所有する者も現れた。

その結果、自由身分をもつ黒人やムラートの数が着実に増加した。一七八六年の統計によると、ミナスジェライスの人口三九万三六九八のうち、白人一八・一パーセント、パルド(白人と黒人の混血)二七・七パーセント、黒人五四・二パーセントを記録し、奴隷は四八パーセントと全体の半分を割っている。一九世紀に入ると、自由身分をもつ黒人、ムラートは自由人全体の三分の二を占めるにいたり、手工業に従事する者も現れた。たとえば、オーロプレットの靴職人・仕立職人・大工・鍛冶職人などの手工業者や小売商人の大

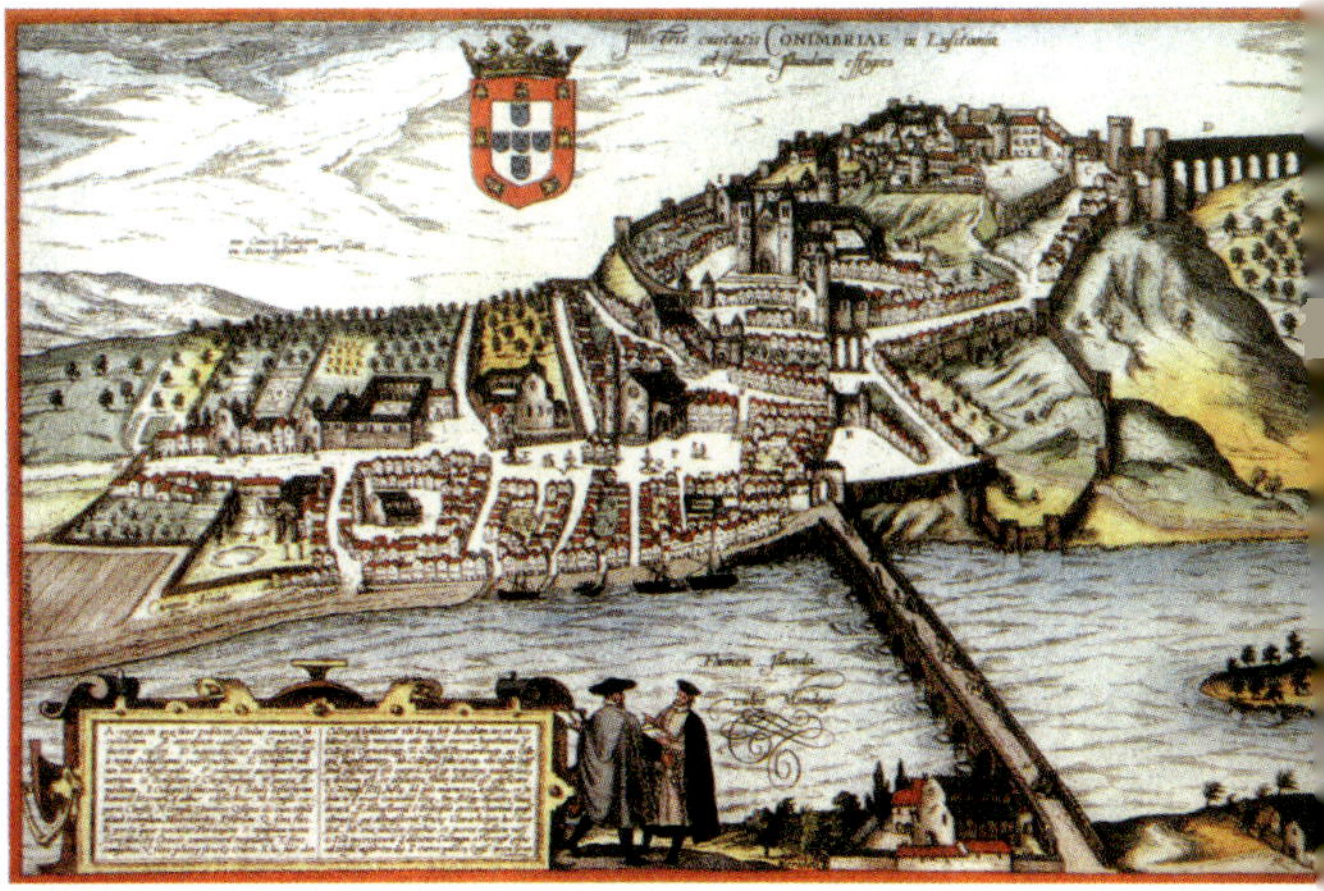

▶**コインブラ大学**　一二九〇年に創立されたポルトガル最古の大学。スペインは植民地期初期から新大陸に複数の大学を創立したが、ポルトガルはブラジルに大学を設けることはなかった。一八世紀には植民地との関係を重視してブラジルから学生を積極的に受け入れた。

▶**働く黒人女性たち**　植民地時代のブラジルでは砂糖農園、金鉱地帯はもとより都市でも奴隷労働なしには立ちゆかなかった。街中でお盆に載せた牛乳や火酒、果物から菓子類などを売り歩く女性は都市生活には欠かせない存在であった。彼女たちは売上の一部を奴隷主に支払うと、残りを生活費に当てた。それを貯蓄して自由身分を買ったり、なかには奴隷を買う者も現れた。ヘンリー・チェンバレン画。一八二二年。

半は、自由身分の黒人かムラートであった。とはいえ、彼らの大半は定職をもたず貧困にあえいでいた。

▲ロザリオの聖母の祝祭　ロザリオの聖母は黒人の守護聖人で、5月の祝日には黒人たちは鳴り物入りで行列に加わった。費用は信徒会が教会前で集めた喜捨によって賄われた。J.M.ルゲンダス画。

国内市場の成立

当初ミナスジェライスの住民はほとんどみな採金事業に専念していたから、マンディオッカ・トウモロコシ・豆などの食料品やラム酒カシャッサ、衣料をはじめとする生活必需品、採掘に必要な工具等はすべて外部からもたらされた。サンパウロからミナスジェライスの鉱山地帯までおよそ七〇日かかったが、一七〇七年ミナスジェライスとリオデジャネイロを結ぶ道路が建設され、その日程は二週間前後に短縮された。この「新道」の建設以降、リオデジャネイロは内陸への主要な供給地となり、奴隷をはじめ食料、衣料などさまざまの輸入品をミナスジェライスに送り込み、大半の金はリオデジャネイロに送られてきた。サンパウロでは、峻険な山脈を越えなければならない商品の輸送に必要なラバが飼育され、ラバの隊商トロペイロがその輸送を担った。バイーアからはサンフランシスコ川沿いに食肉用の牛がやってきた。こうして、内陸で産出される金が突如大きな市場を形成し、内陸部と沿岸部が有機的に接合されることとなった。それは、ブラジルの地理的一体化につながった。金産地ミナスジェライスを後背地にもつリオデジャネイロはブラジル経済の要となり、一七六三年にはサルヴァドールに代わって植民地ブラジルの首都となった。

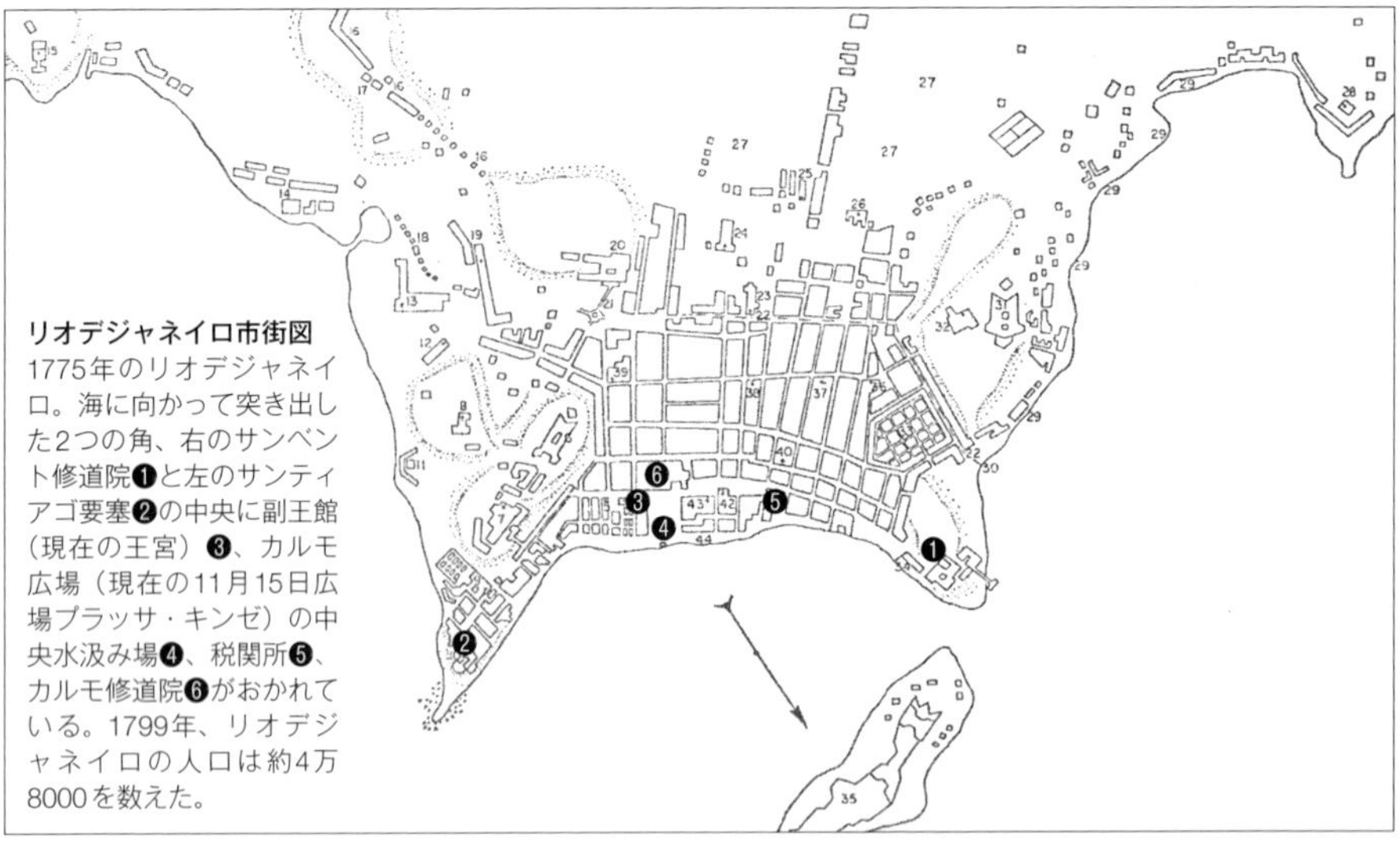

リオデジャネイロ市街図
1775年のリオデジャネイロ。海に向かって突き出した2つの角、右のサンベント修道院❶と左のサンティアゴ要塞❷の中央に副王館（現在の王宮）❸、カルモ広場（現在の11月15日広場プラッサ・キンゼ）の中央水汲み場❹、税関所❺、カルモ修道院❻がおかれている。1799年、リオデジャネイロの人口は約4万8000を数えた。

▶**リオデジャネイロ市長ボバデーラ伯爵**　ボバデーラ伯爵は三〇年間（一七三三〜六三）市長としてリオデジャネイロの発展に尽くし、市民から慕われた。首にはキリスト騎士団章を掛けている。マヌエル・ダ・クーニャ画。一八世紀後半。ブラジル歴史地理院（リオデジャネイロ）。

Column 1

逃亡奴隷の共同体キロンボ

アフリカから送られてきた奴隷たちは、まずキリスト教の洗礼を受けさせられて白人社会に馴化するように仕向けられたが、彼らは面従腹背、仮病、自殺から反乱までさまざまなかたちで奴隷制に抵抗した。なかでももっとも一般的な抵抗は逃亡であった。逃げおおせた黒人たちは密林に集落キロンボを作って生き延びた。構成員数は、五、六人から数千人までその規模はさまざまだったが、一〇〇人を超えることはまれであった。彼らはマンディオッカ、バナナなどの食料を栽培し、機を織り、狩りや漁業で自給自足の生活を送ったが、ときには農園の奴隷と内通して近隣の農園を略奪した。

この種の共同体として例外的な規模を誇ったのは、パルマーレスのキロンボである。一七世紀初頭、ペルナンブーコから逃亡した数十人の奴隷たちが、現在のアラゴアス州バリーガ山脈（ポルト・カルヴォ付近）に逃げ込んで集落を作ったのがその始まりである。同世紀半ば、オランダ人の侵入で北東部が混乱した際に多くの奴隷が逃れて来た。その結果、人口が急増し、複数の集落が形成された。その集合体はパルマーレス・キロンボとよばれ、インディオやムラートを含め数千人の住民を擁し、さながらアフリカの小王国の観を呈したという。一六七〇年頃には構成員が二万人におよんだという記述もみられるが、エンジェーニョの研究者スチュアート・シュヴァルツによれば、当時のペルナンブーコ全体の奴隷数から推測して数千人程度とみられる。

当然のことながら、この黒人共同体の存在は白人社会にとって大きな脅威であった。一六七六年から白人入植者による本格的な攻撃が始まったが、キロンボを統べるガンガ・ズンバはこの攻撃に耐え、レシーフェ総督に休戦協定を締結させるほど強大な勢力を誇った。しかし協定の条件に不満をもった甥のズンビはふたたび対決姿勢を明確にしたため、一六九二年から白人勢力の総攻撃が始まった。三年の長きにわたって応戦したが、一六九五年一一月二〇日、ズンビの指揮するパルマーレスは抵抗空しく全滅した。ズンビの首はレシーフェに運ばれ、広場で晒し首にされた。この一一月二〇日は現在、自由を求めて奴隷制廃止のために戦った殉教者、ズンビを称える「黒人意識の日」に定められている。

しかし奴隷制が存続する限り、奴隷の逃亡は続き、キロンボは生まれ、植民地社会の安寧を脅かす存在でありつづけた。奴隷制廃止以前には三〇〇〇以上のキロンボが存在していたと考えられている。一八八八年の奴隷制廃止後、キロンボの住民はキロンボーラとよばれるようになった。一九八八年の憲法は、キロンボーラたちが住み着いてきた土地の所有権を保障しているが、アフロ・ブラジル文化の振興機関、パルマーレス文化基金によれば、現在、ブラジル全土に存在するその共同体の数はおおよそ三〇〇〇と見積もられる。多くの共同体は、アフリカ黒人奴隷たちの言語とポルトガル語が融合した彼ら固有の言語を有しているが、いまはそのことばを話す住民は減少している。

◀パルマーレスのズンビ　アントニオ・パレイラス画。アントニオ・パレイラス博物館（ニテロイ）。

開発のためにグランパラ・マラニャン社という独占会社を設立している。会社は、砂糖やタバコ以外の農産物の多様化を図り、産業革命が大きな需要を生みだした綿花をはじめ米、カカオを栽培させ、そ

第四章　反ポルトガル意識の芽生え

1　植民地体制の危機

ポンバルの改革

一七五五年一一月一日、本国の首都リスボンがヨーロッパ史上最大の震災に見舞われた。この大震災はポルトガル国内総生産の四割前後に相当する大きな被害をもたらしたとも言われる。ちょうどその頃からブラジルの金や砂糖の生産が落ち込み、イギリス向けのワイン輸出も低迷して対英従属は深化していた。

この震災の処理を見事に成し遂げたポンバル侯爵（一六九九〜一七八二）は、国王ジョゼ一世（一七一四〜七七）から全幅の信頼を得て、以後一七七七年まで独裁政治を続けることになる。ポンバルは、大震災とそれがもたらした財政危機を梃子《てこ》にして財政・経済政策の抜本的な改革を断行し、「上からの近代化」を進めた。ブラジルに対しても、リスボン復興税を課すとともに植民地の再編を企図した。伝統的な世襲カピタニア制を廃止して行政の一元化を図り、すでに述べたように、首都をサルヴァドールからリオデジャネイロに移した。

経済政策に関しても、本国中心の厳しい重商主義政策を推進した。すでに大震災の直前にポンバル侯はブラジル北部の

▶**ポンバル侯爵**　本名はセバスティアン・ジョゼ・デ・カルヴァーリョ・エ・メロ。小貴族の生まれながら、外交官としてロンドン、ウィーンに駐在した。その経験をもとに啓蒙主義政治家としてポルトガルの近代化に尽力した。

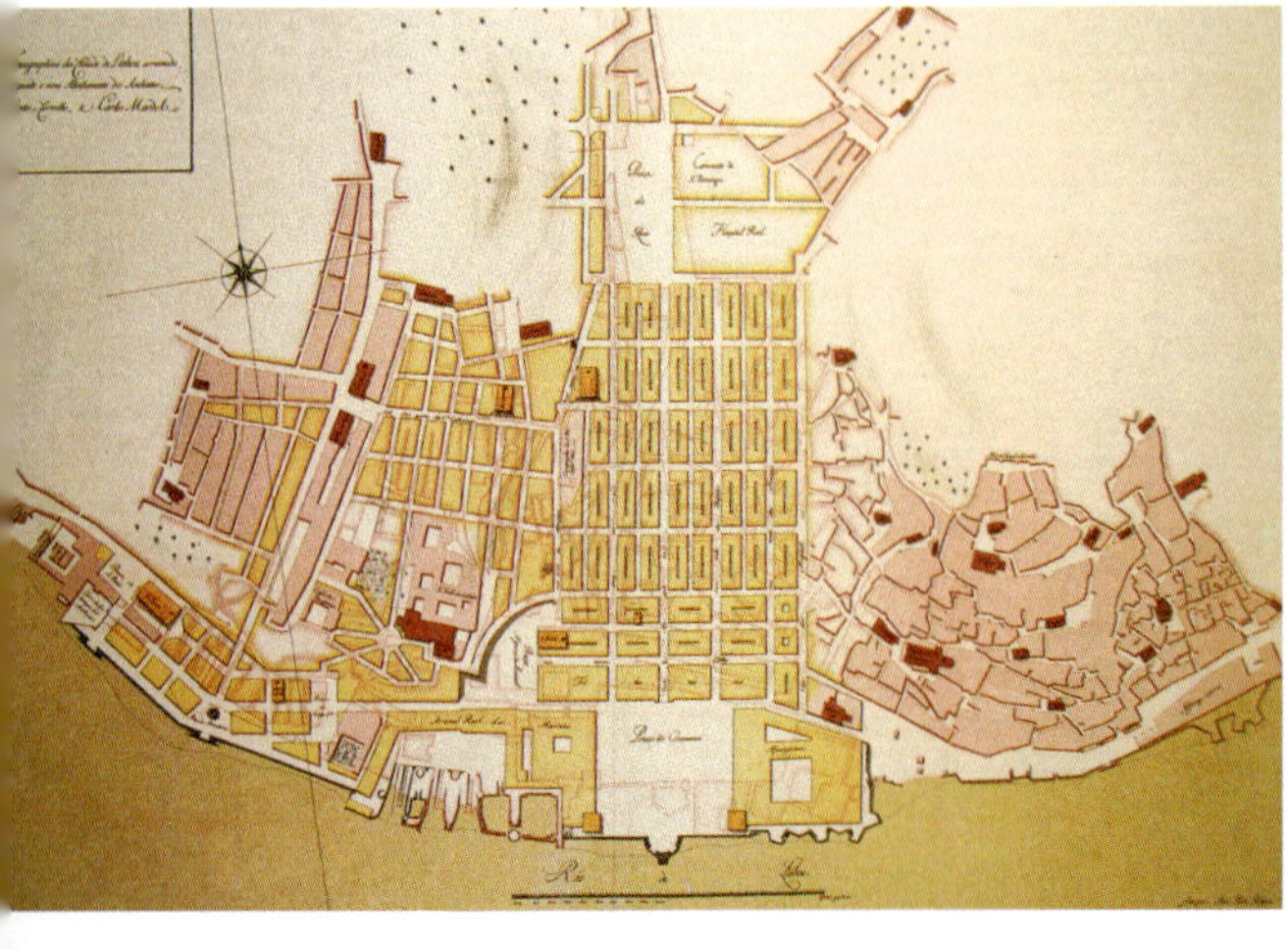

▼**震災後のリスボン再建計画図**　エウジェニオ・ドス・サントスの計画にもとづいて碁盤目状に区画され、建築物もポンバル様式とよばれる規格に統一された。

のために必要な奴隷を供給した。一七五九年にもペルナンブーコ・パライーバ社を創設した。

デラマ制

　ポンバルは金に対する税収の減少を密輸や隠匿が原因と考え、一七三五年から施行されていた人頭税をふたたびキント税に戻した。そのうえで、年間一〇〇アロバ（約一五〇〇キロ）という最低税額を定め、その基準に達しない場合は不足分があらためて徴収されるというデラマ制を設けた（一七六五年）。この制度は、金の生産の減少で負担が重くなったミナスジェライスの住民の怨嗟《えんさ》の的となっていた。

　さらに、ポンバルが植民地再編の一つとして強行したのは、イエズス会の追放とその財産没収である（一七五九年）。イエズス会は、一六世紀の入植以来インディオへの布教活動を行なってきたが、ことにアマゾン地域に建設された教化村は「国家内国家」と言われるほどの勢力を誇っていた。ポンバルは、インディオを彼らの庇護のもとから解放し、白人社会への同化をもくろんだ。そのため白人との結婚が奨励された。すでに一七五〇年のマドリード条約によってスペイン領との国境線が画定されていたが、辺境地帯を確保するためにインディオをポルトガル社会に取り込み、国家の統制下におく必要があったからである。しかしながら、イエズス会の追放は、ブラジルの教育を大きく後退させる結果となった。ポンバルは、ポルトガルが先進諸国からおくれをとった元凶の一つはイエズス会であると考えていたが、イエズス会はセミナリ

▲副王広場（現在の一一月一五日広場）の水汲み場　左側にカルモ教会が見える。ブラジルにおける最初期のダゲレオタイプの写真。一八四〇年。
◀オーロプレット　一九八〇年、ブラジル最初の世界遺産に登録された。著者撮影。

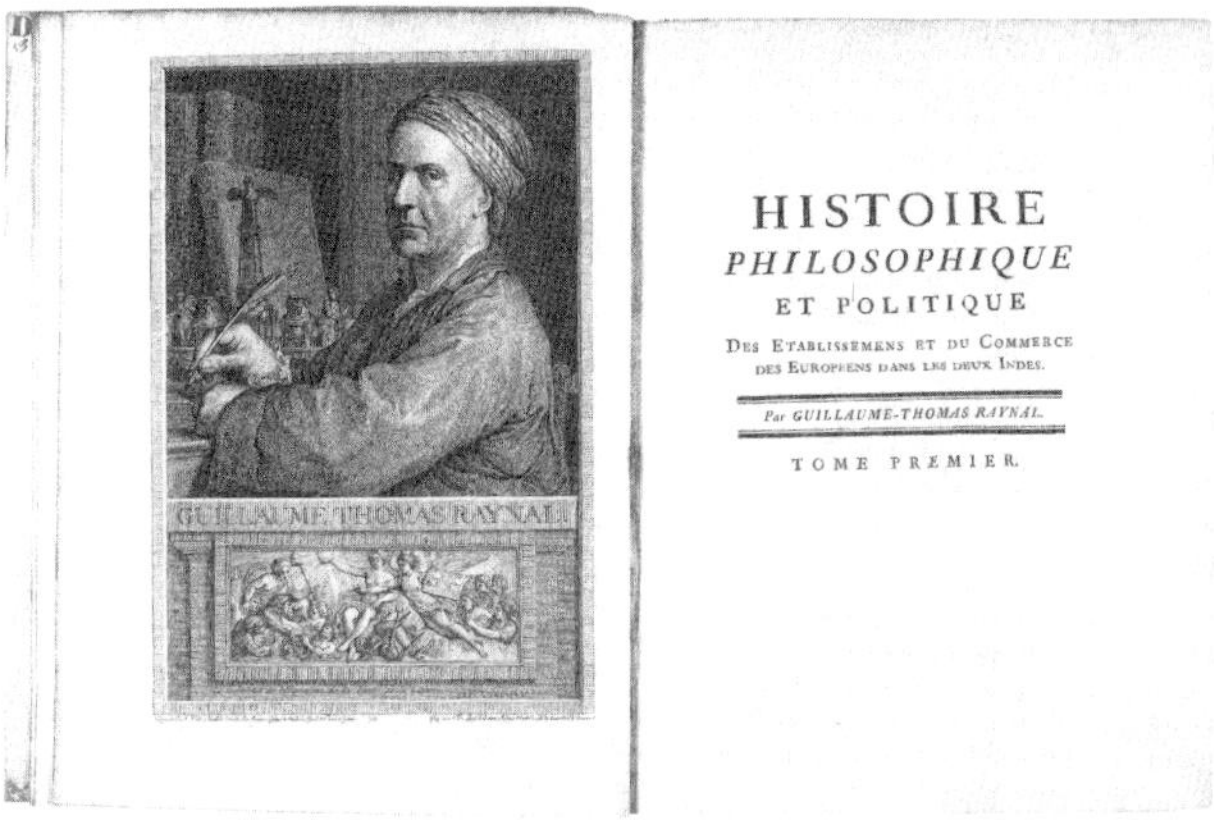

▲**ギヨーム・トマ・レーナル**　啓蒙主義哲学者レーナル師の著作『両インド史』（1780）はポルトガルでは禁書となっていたが、本国の植民地主義に批判的な人びとにとっては必読書であった。

オ、コレジオを設立してブラジルの教育全般を担ってきており、彼らの抜けたあとを埋め合わせることができなかった。

「ミナスの陰謀」

一七七七年、ジョゼ一世の死によってポンバルは失脚するが、彼の進めた政策はほぼそのまま踏襲された。ポンバルの後継者、ロドリーゴ・デ・ソーザ・コティーニョ（一七五五～一八一二）は本国と植民地の発展の一体化をめざした。それは、植民地における独占経営の廃止と農産物生産の拡大・多様化を本国の工業化・改革政策と結びつけることであった。その具体化が二つの独占会社の廃止とブラジルにおけるマニュファクチュアの全面的廃止（一七八五年）であった。このマニュファクチュア廃止の影響をまともに受けたのはミナスジェライスの繊維産業と製鉄業であった。しかもミナスジェライスでは一七八〇年代に入ってから金の産出量が激減していた。失業者が増大し、近郊には逃亡した奴隷のキロンボが相次いで生まれて、社会的緊張が高まっていた。

そのような重苦しい状況にあったミナスジェライスに、一七八八年、新知事バルバセナ子爵（一七五四～一八三〇）がデラマ制を執行する使命を帯びて赴任してきた。キント税の不足分は、積り積って年間の産出量を上回る三八二アロバ（約五七三〇キログラム）に達していた。不足分はミナスジェライスの住民に課せられる。厳しい経済状況のなかで、とくに政府に多額の債務を抱えているエリート有力者層の間には本国の植民地主義に不満が募っていた。彼らの多くは、当時ヨーロッパを風靡していた啓蒙主義に共鳴し、ことにポルトガルのブラジル植民地支配を痛烈に批判しているフランス人レーナル師（一七一三～九六）の著作に影響を受けていた。そして、わずか五年前に旧宗主国イギリスから独立したアメリカ合衆国が彼らのめざす身近なモデルとなっていた。

一七八八年末、ミナスジェライスの中心都市オーロプレットで、地主や徴税請負人・鉱山主・聖職者・商人・軍人などからなるグループが結集した。彼らは、ミナスジェライスのポルトガルからの分離独立、共和政の樹立、ポルトガルによる商業独占の廃止、マニュファクチュアの自由な発展、民兵制の確立、王室債務の破棄などを掲げて、反ポルトガルの蜂起を画策した。デラマ税徴収公示の日が新知事の殺害、政権奪取の日と定められた。しかし、この陰謀を事前に密告で知らされた知事は、一七八九年二月、デラマ税徴収の執行を停止したため、反乱計画は失敗に終わった。首謀者たちはみな逮捕され、リオデジャネイロに送還された。一七八九年七月に起きたフランス革命直前のことである。

一七九二年まで続いた尋問・裁判の結果、ジョアキン・ジョゼ・ダ・シルヴァ・シャヴィエル（一七四六～九二）、通称ティラデンテス（歯医者）らの首謀者は大逆罪として死刑を宣告された。しかし実際には、社会的身分の低い見習い士官ティラデンテスだけが生贄の羊として絞首刑に処せられ、他の一一名の共謀者はアフリカへの流刑以下「寛大な」刑を言い渡された。

この反乱計画は、他の都市との連携もなく、当てにならない民衆蜂起を頼りにオーロプレットだけで反政府の蜂起を企てようとしたもので、実現の可能性はまったくなかったと言ってよい。しかも、それはブラジル全体ではなくミナスジェライスという一カピタニアの独立をめざしたものであったが、本国政府に対して独立の烽火《のろし》を上げたことの象徴的な事件として人びとの記憶に深く刻まれることになる。興味深いことに、この陰謀事件は、インコンフィデンシア・ミネイラ「（王室に対する）ミナスジェライスの不忠」とよばれ、本国側からの視点がいまもブラジルに受け継がれている。

2 「バイーアの陰謀」

一七八九年の「ミナスの陰謀」以来、新大陸を含めヨーロッパの情勢は大きく変化していた。すでに一八世紀半ばイギリスで産業革命が起こり、北米ではアメリカ一三植民地が合衆国として独立を達成していた。一七八九年にフランス革命が旧体制を崩壊させ、革命思想の自由・平等・友愛はヨーロッパから大西洋を渡って新大陸にまで伝えられていた。そして、一七九一年、フランス領サン・ドマングでは解放を求める黒人奴隷の反乱が勃発した。反乱は独立戦争に発展し、一八〇四年には黒人共和国ハイチが誕生することになる。

このように環大西洋世界に広がった「大西洋革命」の動乱はブラジルにも波及した。一七九八年八月一二日、バイーアの首都サルヴァドールの市内に「立て、バイーアの民衆よ。我々が自由を謳歌できる日は近い。我々がみな同胞となり、我々がみな平等になる日が！」と反ポルトガルへの決起を促す檄文が張り出された。ハイチの奴隷反乱の再来をおそれた植民地政庁の対応は早かった。密告によって陰謀の参加者が次々と逮捕された。その首謀者のほとんどが黒人あるいはムラート、つまりブラジル社会の底辺で貧窮にあえぐ民衆であった。首謀者のなかに仕立職人が多かったことから「仕立職

▲キリストに擬せられたティラデンテス　ティラデンテスが注目されるようになったのは共和政期に入ってからのことで、ことに実証主義者は彼をブラジル共和主義の殉教者とみなした。その肖像はイエス・キリストに似せて長いあご髭をのばし法衣に似たシャツをつけた姿で描かれるようになった。デシオ・ヴィラレス画。ブラジル実証主義教会（リオデジャネイロ）。
▼処刑されたティラデンテス　画面には切断された首の横に磔刑のキリスト像がおかれている。現在、4月21日は「ティラデンテスの日」として祝日となっている。ペドロ・アメリコ画。1893年。マリアーノ・プロコピオ博物館（ジュイスデフォラ）。

▲**サルヴァドールのピエダデ広場**　この広場で首謀者の仕立職人2人、兵士2人が絞首刑に処せられた。ほかに流刑者6人、500回の鞭打ち刑を受けた者6人を数えた。「ミナスの陰謀」に比較して刑が重いことは支配層にとって事件の深刻さを物語っている。J.M.ルゲンダス画。

人の反乱」ともよばれる。この頃バイーアは人口約六万五〇〇〇を数えたが、そのうち八割近くが黒人とムラートであった。「ミナスの陰謀」の担い手が啓蒙思想とアメリカの保守的な革命思想に共鳴するエリート有産階層であったのに対して、「バイーアの陰謀」は急進的なフランスの革命思想の影響を受けていた。彼らは、バイーアに民主的な共和政府を樹立し、奴隷のいない社会、黒人もムラートも平等な社会をめざして

▲**サルヴァドール大商人の邸宅と庭園**　一八世紀末から一九世紀初頭の商人バンデイラはまたいくつもの砂糖農園を所有していた。庭園を囲むベンチには当時流行のアズレージョ（絵柄タイル）が張られている。ブラジル歴史地理院。

◀**リオデジャネイロの商人の肖像**　商人ながら帯剣を許された商人とその妻。一七世紀オランダの画風を思わせる。夫婦の全身像が描かれており、植民地時代の数少ない肖像画としてきわめて貴重な作品。ブラジル歴史地理院。

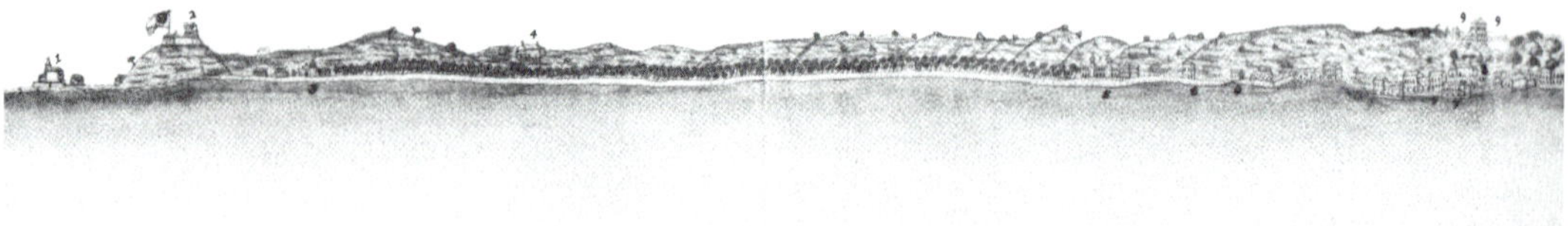

▲▼**サルヴァドールのパノラマ**　1758年、リオデジャネイロに首都が移る直前のサルヴァドール。海に浮かぶ要塞❶とその後ろに見える波止場を備えた税関所は海港都市の要で、ここを起点に市街地が発展する。海岸に沿って倉庫❷や造船所❸が並ぶ。坂の上は、いわゆる上町で、左に聳える大聖堂❹から副王館❺まで慈善院教会、病院、造幣局、裁判所、市役所と都市の主要な建物が集中している。ブラジル歴史地理院。

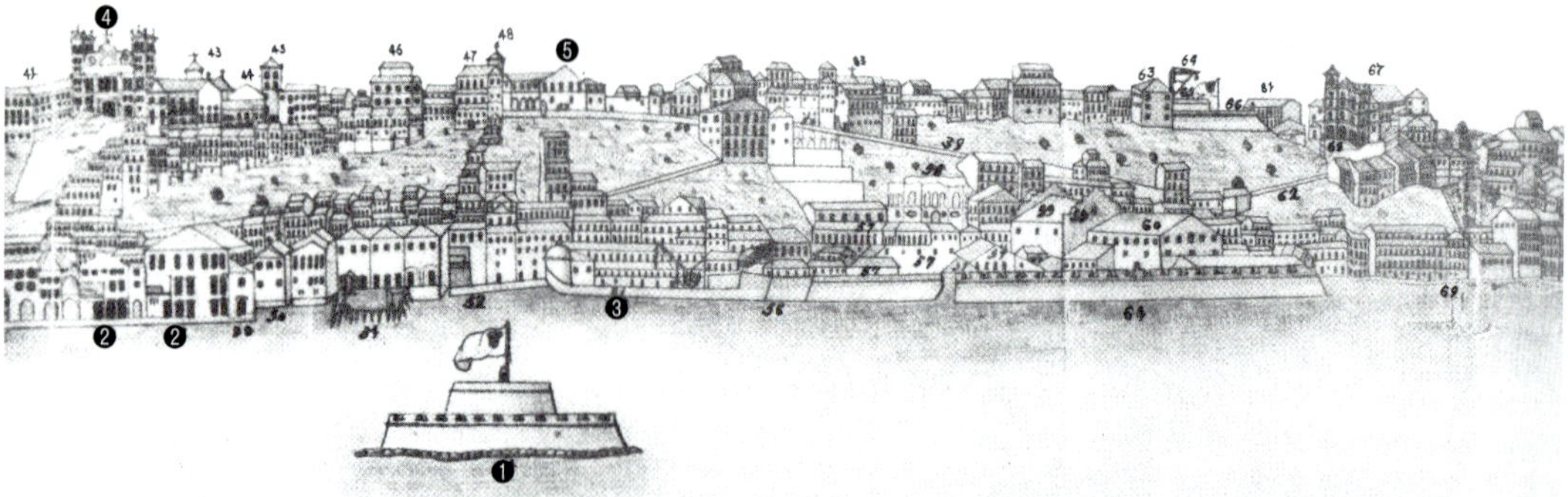

▲**1760年代のリオデジャネイロ**　ブラジル歴史地理院。

◀**リオデジャネイロの水道橋**　カリオッカ水道橋はサンタテレザからサントアントニオの丘を経てカリオッカ広場まで届いた。ウィリアム・アレクサンダー画。1792年。ブラジル歴史地理院。

▼**トドスオスサントス湾内での捕鯨**　捕鯨もブラジルの重要な産業の1つであった。トドスオスサントス湾には毎年6月から10月にかけて出産のため大量のクジラが集まってきた。18世紀後半バイーアでは年間200頭のクジラが捕獲されることもあり、捕鯨や解体作業に300人以上の黒人、ムラート、白人が携わっていた。イポリット・トネー画。18世紀後半。ブラジル歴史地理院。

いた。驚くべきことに、識字率が一割にも満たない当時、参加者の多くは読み書きができ、フランス語の著作の翻訳を所有していたという。

　この事件は本国政府のみならず奴隷を所有するブラジル支配層をも震撼させた。とはいえ、「ミナスの陰謀」と同様、「バイーアの陰謀」も一地方的な事件に終わり、アメリカ一三植民地のように連合し、組織化された運動に発展するにはいたらなかった。支配層も、白人を排除し黒人の共和国を生みだしたハイチの二の舞をおそれ、現状維持に甘んじることになる。他方、事件後も本国政府は、ヨーロッパの新しい変革や植民地内の自由を求める改革案に耳を傾けず、かたくなに植民地条例のくびきを強め、植民地支配を強化していく。

3 リオ遷都

経済の回復

　二つの陰謀事件が起こった一八世紀第四・四半世紀、二つの外部的要因でポルトガルおよび植民地ブラジルの経済は著しく進展した。一つは、一七七五年に始まったアメリカ独立戦争である。産業革命の真っただ中にあったイギリスは、アメリカ合衆国からの輸入が途絶えたため綿花の新しい購入先をブラジルに求めたのである。いま一つの要因は一七八九年のフランス革命とそれに続くハイチの奴隷反乱である。フランス領ハイチはカリブ海域における砂糖生産地であったが、一八〇四年にハイチ共和国が成立するまでの一二年間混乱が続いたため、同島の砂糖産業は壊滅的な打撃を受けた。この二つの動乱のおかげでブラジルの対英輸出が急増した。マラニャンに始まった綿花栽培は生産地を拡大させ、砂糖産業も復活した。そのほかにもタバコ・藍・コチニール・カカオなど輸出農産物も多様化した。

ヨーロッパ市場での需要の拡大は価格の高騰をもたらしたが、植民地条例によってブラジルが直接ヨーロッパ諸国と貿易することは許されなかったので、本国の商人はブラジル農産物の再輸出によって大きな利益を手にした。ことにイギリスへの綿花の輸出は急増し、一七九〇年代からポルトガルの対英貿易は伝統的な赤字から一転して黒字に変わった。こうして、一七九六年から一八〇七年までの十年余、国内のマニュファクチュアも息を吹き返して、短期的とはいえ、ポルトガル経済は、「新黄金時代」を迎える。

ナポレオン軍のポルトガル侵入……

ところが、ナポレオンの登場によって状況は一変する。フランス革命から一五年後、皇帝に就いたナポレオンはヨーロッパ大陸を席巻し、一八〇六年に大陸封鎖令を公布してイギリスとの通商を全面的に禁止した。ポルトガルに対しては、侵略の脅しをかけてイギリスとの断交を迫った。マリア一世（一七三四～一八一六）の摂政ドン・ジョアン（一七六七～一八二六）は、それまでの中立政策を維持できなくなり、一八〇七年一一月、王族をはじめ宮廷人・官僚・軍人・聖職者など一万余の随行員を引き連れブラジルに逃避した。出港した翌日、リスボンはジュノー将軍（一七七一～一八一三）率いるフランス軍の手に落ちた。ヨーロッパ史上、王室が本国を捨て他大陸に移転するのは後にも先にもこれだけである。

しかしブラジルへの宮廷移転は識者の間では古くから構想されていたことであった。強大な隣国スペインからの絶えざ

▶リスボンを離れる宮廷 出帆前に貧者に施しをするドン・ジョアン。水平線上にベレンの塔が遠望される。

る脅威にくわえ、ブラジルの富の豊かさがその理由である。ブラジルの支配層も宮廷の移転が現体制を維持しながら植民地条例のくびきから解き放たれる最良の方策と考えていた。ポルトガル王室と植民地ブラジルの支配層、この両者の利害の一致こそが、その後ブラジルに旧スペイン領諸国と異なる歴史を歩ませることになる。

植民地から連合王国へ

一八〇八年一月、イギリス海軍に護衛されて、ドン・ジョアンの一行は、二カ月の航海ののちサルヴァドールに到着した。ブラジル支配層の熱狂的な出迎えを受けた摂政は、ただちに友好国へのブラジル開港を宣言した。しかし、この開港はポルトガルのブラジル市場独占が破れたことを意味する。ナポレオンの大陸封鎖令で苦境に陥っていたイギリス経済にとってブラジルはこの上ない市場であった。

同年三月、王室はリオデジャネイロに到着すると、ここを帝国の首都とした。内務、海軍・海外領、軍事・外務の省庁、王立国庫が再編されてブラジルにおける国家機構が整備されるが、それらの要職は本国から渡ってきた貴族たちによって占められ、ブラジルの支配層は排除され

▲**連合王国の紋章**　伝統的なポルトガル王室の紋章の背後に大航海を象徴する天球儀を配することで海外領が意匠されている。アルガルヴェはポルトガル南部の一地方であるが、ポルトガル建国以後にポルトガル領に編入されたので形式的に別の王国扱いとされた。

◀**リオの繁華街ディレイタ通りの賑わい**　中央大通り（現在のリオ・ブランコ大通り）以前には、カステロの丘とサンベントの丘を結ぶディレイタ通り（現在の三月一日通り）がリオデジャネイロ一番の繁華街であった。J・M・ルゲンダス画。

た。開港と同時に、新たな収入源として一六パーセントの関税率を定めた。しかし一八一〇年の通商航海条約によって、イギリスはポルトガル本国より一パーセント低い、一五パーセントの関税で自国の商品を輸出することができるようになり、かつ治外法権というきわめて有利な条件を勝ち取った。こうして、ブラジルはポルトガルの植民地主義から脱することができたが、あらたにイギリスの産業資本主義に従属することとなった。その結果、ブラジル市場にはあらゆるイギリス商品が氾濫し、対英貿易は慢性的な赤字状態に陥ることになる。

それでもリオデジャネイロは首都としての体裁が整えられ、美化が進み、ブラジルの近代化が始まった。ヨーロッパでは、連戦連勝を続けていたナポレオンが、一八一五年、ワーテルローの戦いで決定的な敗北を喫すると、ウィーン会議でフランス革命以前の王朝を正統とみなす正統主義が採られた。しかしブラジルがことのほか気に入った摂政ドン・ジョアンは、この原則に合わせるため、同年一二月、ブラジルが本国と連合王国を形成することによってブラジル滞在を正当化した。こうして大西洋をまたいでアメリカとヨーロッパの国が一つになって「ポルトガル・ブラジル・アルガルヴェ連合王

国」という名の新しい帝国が誕生した。

ブラジルは植民地から王国に昇格したのである。それはまた、ブラジルが宗主国から分離独立することを回避させる方策でもあった。翌一六年、マリア一世の死にともない、ドン・ジョアンはジョアン六世として即位した。

▲ジョアン六世の即位　ポルトガルの王位継承の慣例に従って、教会で正式に戴冠される前に広場で民衆から歓呼の声で国王として受け入れられることが必要であった。J・B・ドブレ画。

▶ペルナンブーコの革命旗　旗上の三つの星は革命に参加したペルナンブーコ、パライーバ、リオグランデドノルテの三県を意味している。現在、この旗は星一つでペルナンブーコの州旗となっている。レシーフェは伝統的に反中央政府意識が強く、独立後の一八二四年には「赤道連盟」を結成して独立を図ろうとし、第二帝政期の一八四八～四九年にもプライエイラ革命が起きている。

ペルナンブーコの反乱

首都リオデジャネイロは連合王国の誕生、ジョアン六世の即位の祝賀で沸き立っている一方で、地方は統治の中枢がリスボンからリオデジャネイロに代わっただけで中央集権的な状況に変わりはなかった。ことに北東部では、港市のポルトガル商人が相も変わらず貿易を独占して大きな利益を得ていた。しかもナポレオンの敗北後、好況だった主力産品の砂糖と綿花の価格が暴落し、北東部の農園主は苦境に追い込まれた。一八一五～一六年の北東部の旱魃《かんばつ》が不況に追い打ちをかけ、民衆は明日の食事にも事欠くようになり、ポルトガル人の商業独占に対する不満が高まっていた。このポルトガル人憎し（ルゾフォビア）が、一八一七年三月六日の革命となって爆発した。フランスの総裁政府をモデルにした臨時革命政府は共和政と貿易の自由を宣言した。

共和主義革命の波は、パライーバ、リオグランデドノルテ、アラゴアスにおよんだが、連携して中央政府に対抗するにはいたらなかった。アメリカ合衆国など国外にも支援を求めたが、応答はなかった。ジョアン六世は、陸海軍を派遣して反乱軍を制圧し、一八一七年五月、革命政権は瓦解した。ブラジルの独立五年前の出来事である。この時点で、ペルナンブーコの人びとが叫んだのは、パトリオティズム、すなわち反ポルトガル、反リオデジャネイロに対置される郷土愛である。ポルトガルに対してブラジルが全体として一つにまとまる以前の地域主義段階での革命運動であった。

Column❷

ミナスのバロック美術とアレイジャディーニョ

一六世紀初頭に始まった宗教改革に対抗するために、ヨーロッパでの失地を海外で挽回しようと、カトリックの聖職者は植民者と連携しながら布教活動を展開した。なかでも教会は信者たちに目に見えるかたちで教導しようと、建築とその内部装飾の彫刻や絵画に工夫を凝らし、音楽によって信仰心を高めようとした。

一七世紀後半、砂糖産業の隆盛で植民地経済が好況を呈するようになると、沿岸部の首都サルヴァドールやレシーフェ、リオデジャネイロで、当時ポルトガルで流行していたバロック様式を採り入れた教会や修道院が建立された。その代表例がサルヴァドールの大聖堂やレシーフェのドラーダ礼拝堂、リオデジャネイロのサンベント修道院である。それらの建造物は、簡素で地味なファサードとは対照的に、内部は金泥木彫とアズレージョ（絵柄タイル）で覆われ、その華麗さに見る者は圧倒される。バロックの語源がポルトガル語の「歪んだ真珠」に由来するように、バロック様式はルネサンス期の静的で対称性を重んじる古典主義に対抗して、ダイナミズム、流動性、非対称性、過剰なまでの装飾性を特徴としている。

一八世紀に入ると、金鉱の繁栄はミナスジェライスの都市にミナス・バロックとよばれる独自の都市芸術を生んだ。ミナスジェライスでは修道院の設立が禁止されたので、一七一一年に都市に指定されたヴィラリカ（現在のオーロプレット）をはじめ、サンジョアンデルレイ、サバラ、マリアーナなどの都市住民は、相互扶助のために信徒会を結成し、他の信徒会と競うようにして教会を建立した。一七六〇年前後から金の生産が下降しはじめるが、まさにこの頃から建築家兼彫刻家のアレイジャディーニョ、画家のアタイーデに代表される、いわゆるミナス・バロックが開花する。

ポルトガル人建築家と奴隷の間に生まれたアントニオ・フランシスコ・リズボア、通称アレイジャディーニョは、不治の病を患って手足が不自由になるが、助手たちの手を借りて、教会、祭壇などの内部装飾、聖人の彫像に数多くの傑作を残した。なかでもオーロプレットのサンフランシスコ・デ・アシス教会はブラジル・バロックの最高傑作とされている。二つの円塔など曲線を多用したファサードにはペドラ・サバンとよばれる細工しやすい石に刻まれた華麗な装飾が施され、内部の祭壇はすでにロココ様式が色濃い壮麗な金泥木彫で飾られ、天井はマヌエル・ダ・コスタ・アタイーデの手になる聖母マリアと天使が描かれている。注目すべきは、その聖母マリアが白人ではなく混血の女性として描かれ、そこにはたんなるヨーロッパの模倣でないという作者の意識がはたらいている。一九世紀以降バロック文化が軽んじられるなかで、二〇世紀初頭、ブラジル文化の独自性の確立を提唱したモダニズムの旗手マリオ・デ・アンドラーデは、この教会こそまさにブラジル的なるものとして再評価した。

◀サンフランシスコ・デ・アシス教会　著者撮影。

第五章　独立と第一帝政

1 ブラジル帝国の成立

ポルトガルの自由主義革命

一八二二年、ブラジルは宗主国ポルトガルから独立するが、それはアメリカ一三植民地のように宗主国から武力で勝ち取ったものではなく、一八二〇年に本国で起こった自由主義革命を契機にブラジルに残ったポルトガル人とブラジル支配層の妥協によって実現したものである。同年八月、ポルトガル第二の都市ポルトでフランス革命の影響を受けた軍人たちがブルジョアジーと共謀して、臨時政府の樹立と国民議会コルテスの招集を呼びかけた。それに呼応してリスボンでも軍人が同調し、革命は成功した。その背景には、ナポレオン失脚後もポルトガルを支配しつづけるイギリスに対する軍人の反発と特権的なブラジル市場をイギリスに奪われたブルジョアジーの不満があった。翌一八二一年一月、リスボンに招集された国民議会コルテスは、国民主権・三権分立にもとづく憲法の制定や絶対主義王政を打破する自由主義的な改革を打ち出した。この軍人による政治介入はスペインの影響を受けたものであるが、以後ポルトガルのみならずラテンアメリカ諸国の政治的伝統となる。

本国革命の報は、二カ月後の一〇月、リオデジャネイロに伝わった。ジョアン六世は、王位継承王子ドン・ペドロ（一七九八〜一八三四、ブラジル皇帝ペドロ一世：在位一八二二〜三一）を本国に派遣して革命政府との和解を図ろうとしたが、国民議会は国王の帰国とブラジルの本国服従を要求してきた。ブラジルでも一八二一年二月、リオデジャネイロに駐在する軍隊に市民が加わった急進派が蜂起し、国王に対して立憲体制への忠誠を誓わせた。

同年四月、ジョアン六世は国民議会の圧力に抗しきれず、ドン・ペドロを摂政に残して帰国した。議会は、ブラジルを王国から植民地の地位に戻すことを決定

◀**ポルト蜂起のアレゴリー**　市民と軍人が革命の成功を手を取りあって喜び、天使が憲法と書かれた旗を広げる。アンジェロ・デ・ドミニシス画。国立図書館（リオデジャネイロ）。

した。国内では自由主義を標榜しながら、ブラジルに対しては再植民地化という反動的な方策を打ち出したのである。

◀**革命に賛同する軍隊と民衆**　ロシオ広場のサン・ジョアン劇場のテラスから憲法の受諾を宣言するドン・ペドロ。フェリックス＝エミル・トネー画。

「イピランガの叫び」独立か死か……

この一方的な決議に反発しながらもブラジル人の間には考えを異にする二つの集団が形成された。一つは、伝統的な大土地所有者と富裕な商人層のグループで、彼らは貿易の自由、中央集権を掲げるとともに、連合王国の維持、つまりポルトガル国王が同時にブラジル国王にもなるという同君連合を提唱していた。この段階ではいまだポルトガルからの分離独立という構想はなかった。彼らは、スペイン領に展開しつつある独立戦争が分裂と共和政の樹立をもたらすだけでなく、民衆や奴隷の参戦で自分たちの特権が失われることをおそれていた。

　これに対して、伝統的支配層とは利害を異にし、ブラジルの独立、共和政の採用、地方自治権の拡大を主張する急進リベラル派が形成された。リオデジャネイロがポルトガル連合王国の首都となるとともに、人口は五万から一〇万に倍増し、官僚機構が整備され、都市の発達にともなうサービス業が増えた。その都市住民のなかからわずかながら官吏・弁護士・教師・ジャーナリストなどを生みだす中間層が誕生した。急進リベラル派はその中間層を代表していた。

　考えを異にするこの二つの集団を互いに歩み寄らせ、独立へと一歩前進させた

◀**反動化するコルテス**　新しい国民議会の議席数一八一のうちブラジルには七二議席しか割り当てられず、しかもブラジルから四六人の議員しか到着しないうちに国民議会はブラジル王国解体の法案を採決した。オスカル・ペレイラ・ダ・シルヴァ画。

のは、一八二一年八月、リスボンの議会が決定した摂政ドン・ペドロの本国帰還命令と行政機関の本国移転であった。両集団はともに、王国の消滅と官吏の失職をおそれたからである。ジョゼ・ボニファシオ・デ・アンドラーダ・エ・シルヴァ（一七六三〜一八三八）らは摂政ドン・ペドロを取り込んで、一八二二年一月、帰国拒否を宣言させることに成功し、フリーメーソンの会員で急進派のゴンサルヴェス・レド（一七八一〜一八四七）らもドン・

▶**ジョゼ・ボニファシオ**　サントスの名門に生まれ、コインブラ大学に学び、鉱物学の教授に就任した。ブラジル帰国後、ジョアン6世の顧問官に招聘された。ドン・ペドロを推戴して君主政を保持しながらブラジルの独立達成に貢献し、「独立の父」とよばれるようになった。オスカル・ペレイラ・ダ・シルヴァ画。19世紀。帝室博物館（ペトロポリス）。

▼**「イピランガの叫び」**　剣を天にかざして「独立か死か」と叫ぶドン・ペドロとそれに呼応する白衣の儀仗兵たち。その傍らで、何事かと呆然と立ち尽くす農民。期せずして、この絵は独立が支配層のためのものにすぎず、農民は独立の傍観者として描かれている。ペドロ・アメリコ画。1888年。イピランガ博物館（サンパウロ）。

ペドロを戴く立憲君主政を受け入れることに同意した。ドン・ペドロは、ブラジル人最初の宰相にボニファシオを登用してブラジル人の内閣を組織した。六月の

◀「独立宣言」　馬上で帽子を掲げるドン・ペドロと独立に歓喜する民衆。画面には、現実には存在しない皇帝と民衆の一体感が強調され、国民国家の誕生を理想化する帝国の自画像。フランソワ＝ルネ・モロー画。一八四四年。帝室博物館（ペトロポリス）。

▼**ブラジル帝国の国旗**　帝冠の下の旗にはポルトガル大航海時代の象徴である天球儀と一九の県を表す星が描かれ、ブラジルの特産品コーヒーとタバコが帝国を支える構図をとっている。国立歴史博物館（リオデジャネイロ）。

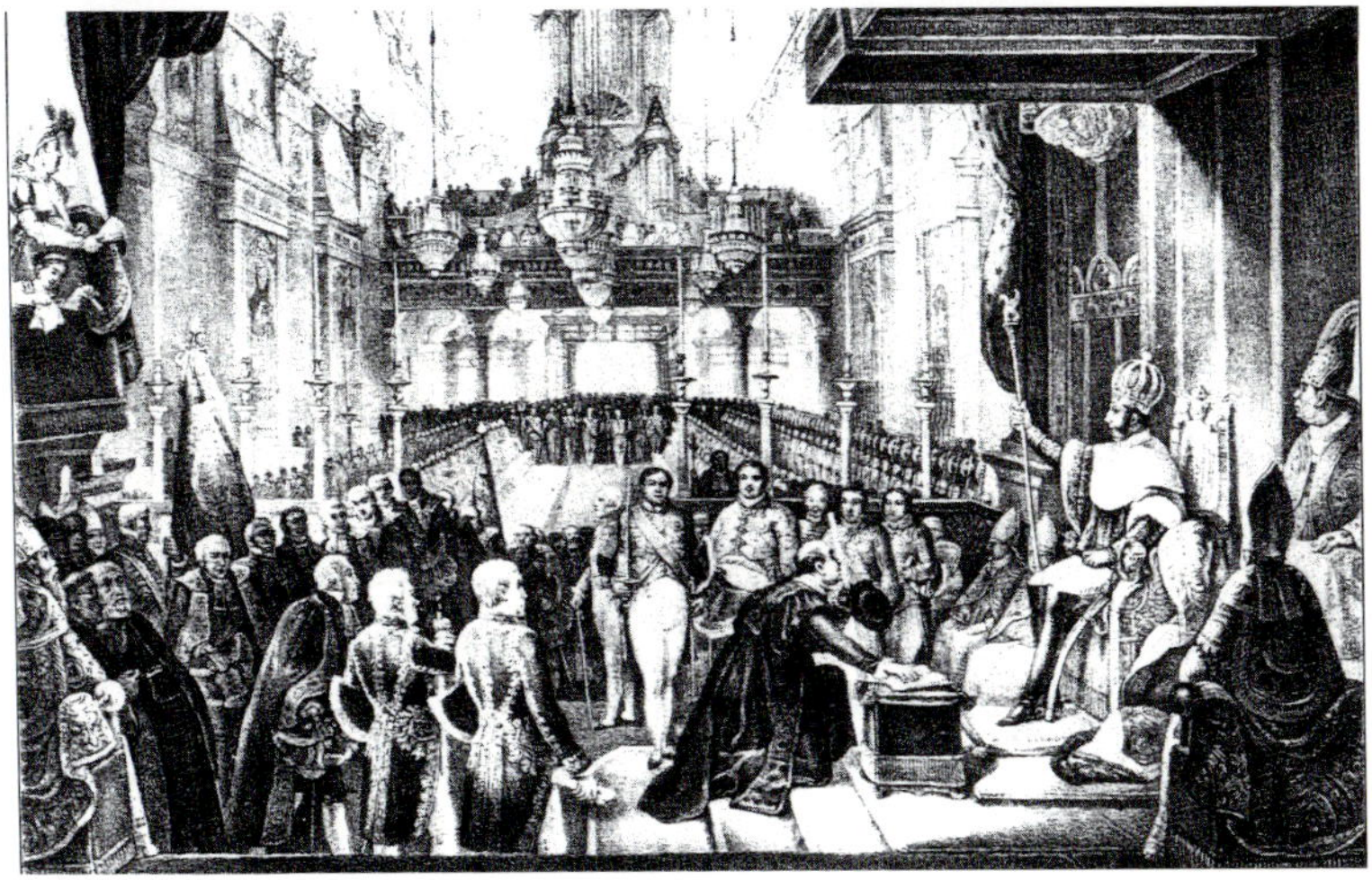

▲**皇帝ペドロ一世の戴冠**　ヨーロッパ大陸からの独立とアステカ帝国、インカ帝国の継承の意味を込めて王国ではなくあえて帝国の名称を採った。J・B・ドブレ画。

▶**ペドロ一世（右）とジョアン六世（左）**　一六四〇年のスペインからの再独立戦争の際、ポルトガル王は必勝祈願に王冠を聖母マリアに捧げた印として、以後頭上に戴かず玉座の側に置くのが習わしとなった。ペドロ一世は帝冠を戴き、ポルトガルとの違いを強調している。J・B・ドブレ画。

制憲議会の招集とそれに続く友好国へのマニフェスト宣言は、事実上の独立宣言となった。

　九月七日、宗主国に対してブラジルの結束を固めるためにサンパウロを巡回していたドン・ペドロは、サントスのイピランガ川付近で本国からの通達を受け取った。それが再度の帰還命令だと知るや、憤ったドン・ペドロは剣をかざし「独立か死か」と叫んだという。これがのちに

▶マリア・ダ・グロリア　ブラジル皇帝ペドロ一世とレオポルディーナ・デ・アウストリア大公妃の間に生まれた。一八二六年からマリア二世としてポルトガル女王に就いたが、その統治期は相次ぐ内戦、革命、反乱で混乱を極めた。トマス・ローレンス画。一八二九年。イギリス王室コレクション。

娘のマリア・ダ・グロリア（一八一九～五三）に王位を譲ってポルトガル女王マリア二世を名乗らせ、弟のドン・ミゲル（一八〇二～六六）を後見役につけた。しかしドン・ミゲルが王位を簒奪したことから、マリア二世を支える自由主義陣営とドン・ミゲルに加担する絶対主義陣営との間で内戦が始まった。マリア二世に肩入れした皇帝は、みずからヨーロッパに渡り、ブラジルの国庫から多額の戦費を支出したため、ブラジル銀行は破産に追い込まれた。通貨の増刷による物価の高騰で都市の民衆層の不満が募り、皇帝の威信は完全に地に墜ちた。一八三一年四月、ペドロ一世はついに皇位を息子のドン・ペドロ（一八二五～九一、皇帝ペドロ二世：在位一八三一～八九）に譲り、三二年前に生まれた故郷のポルトガルに戻った。ブラジル生まれのペドロ二世の即位によってポルトガルとの絆が断たれ、ついにブラジルはブラジル人のものになった。

▶一二歳のドン・ペドロ　フェリックス・エミル・トネー画。一八三七年。帝室博物館（ペトロポリス）。

摂政政治と地方の反乱

皇位を継承したドン・ペドロはまだ五歳であった。ブラジル皇帝ペドロ二世として正式に戴冠するには成人に達する一八歳まで待たねばならない。そのため憲法の規定に従って、一八三一年六月、三人の摂政からなる摂政政治が始まった。

一八三四年には憲法の一部修正によって国家顧問会議が廃止され、県の自主権が認められた。しかし、それは地域の有力者間の権力争いを助長し、一八三五年から北のグランパラ県のカバナージェンの乱（一八三五～四〇）、南のリオグランデドスルのファラッポス戦争（一八三五～四五）、バイーアのサビナーダの乱（一八三七～三八）、マラニャンのバライアーダの乱（一八三八～四一）など各地で反乱が相次いで起きた。反乱の原因は、支配層間の権力争い、経済的困窮による貧民層の怒り、ポルトガル商人に対する反感、中央政府に対する不満など地域によって異なるが、これらの反乱は帝国の一体性を危うくするものであった。摂政期の九年間は、ブラジル史上もっとも混乱に満ちた時代となる。

中央集権か地方分権か

摂政政治が始まると、政治の実権はブラジル人の特権階層である大土地所有者の手に渡った。彼らは北東部の砂糖農園主であり、リオデジャネイロ、サンパウロ、ミナスジェライスの大農場主で、中央政界では自由主義穏健派を形成した。それに対して、高級官僚・軍人、在地のポルトガル人商人などはペドロ一世治世期に受けた特権が忘れられず、彼の復位を求める集団を結成し、そのため「復古派」とよばれた。彼らは上院に勢力をもっており、その領袖は独立に際して重要な役割を果たしたジョゼ・ボニファシオである。この二つの保守集団に対して、自由主義急進派は都市の中産階層を中心に社会の民主化をめざし、連邦制を擁護していたが、議会では少数者集団にとどまっていた。

◀地方の反乱

一八三五年、三人摂政から一人摂政に代わり、フェイジョー神父（一七八四～一八四三）が摂政に就いた。しかし摂政政府を支える穏健派は、各地の反乱に危機感を抱き、地方の権力を縮小して一八三五年以前の旧制に復帰しようと、急進的なフェイジョーを見限った。穏健派は分裂して、保守集団は回帰党を結成し、フェイジョーの集団は進歩党を創った。フェイジョーは反乱を制圧できず、代わって回帰党のアラウージョ・リマ（一七九三～一八七〇）が摂政に就任した（一八三七年）。これに対抗して、進歩党は、世上の混乱は皇帝の威信が蔑ろにされていることが原因であり、一刻も早く摂政制を廃して、ペドロ二世の親政繰り上げを、と主張しはじめた。皇帝の親政は中央集権化を含意しており、回帰党が本来めざす方向と一致することから、皇帝の成人を四年早めて一四歳とすることが決定された。一八四〇年七月、皇太子ドン・ペドロ・デ・アルカンタラは親政を執ることとなり、摂政政治に終止符が打たれた。

◀**地方の反乱**　中央政府がリオグランデドスルの主要産物である干し肉をウルグアイ、アルゼンチンから安い価格で輸入したため、リオグランデドスルの牧畜業者は自国産の保護と連邦主義を掲げて中央政府に反旗を翻した。反乱軍はサンタカタリーナ共和国を宣言し、戦争は一八四五年まで一〇年間続いた。ジュリオ・デ・カスティーリョ博物館（ポルトアレグレ）。

第六章 第二帝政とペドロ二世

1 ペドロ二世の統治

「君臨して統治する」

成人を繰り上げて戴冠したペドロ二世とともに始まった第二帝政は、一八八九年の共和政樹立までおよそ半世紀続くことになる。新興のコーヒー経済の繁栄に支えられたこの第二帝政期は、旧宗主国ポルトガルとの植民地的絆を断ち切り、以後イギリスとフランスの政治・文化の影響のもとに近代化を進めていく。

第二帝政下で回帰党と進歩党はそれぞれ保守党、自由党と改名して、一八四七年から二大政党による議会政治が始まった。この時期イギリスでは「国王は君臨すれども統治せず」という統治原理のもとに議員内閣制が確立し、選挙で勝利を収めた下院の与党から首相が選出されていた。ところが、ブラジルでは首相は調整権をもつ皇帝によって任命され、閣僚は首相によって選出された。下院が皇帝の意に反した行動をとると、皇帝は下院の解散を命じ、政権党はさまざまの利益誘導や暴力をはじめあらゆる不正な手段を行使して選挙を勝利に導いた。ブラジルでは「皇帝は君臨して統治する」と言われる所以である。

このような不正が半ばシステムとしてまかり通るのも、一つには有権者の数がきわめて限定されていたからである。一八七二年、ブラジルの人口は一〇〇〇万を数えたが、有権者数は二〇万、わずか二パーセントにすぎない。さらに、政治に携わることのできる、いわゆる特権階層の数にいたっては全国で二万人に満たなかった。

彼らの政治原則は皇帝権力の強化による中央集権化と国

▶**ペドロ二世の戴冠** フランソワ＝ルネ・モロー画。一八四四年。帝室博物館（ペトロポリス）。

(%)

時期	コーヒー	砂糖	綿花	ゴム	皮革	その他
1821～1830	18.4	30.1	20.6	0.1	13.6	17.2
1831～1840	43.8	24.0	10.8	0.3	7.9	13.2
1841～1850	41.4	26.7	7.5	0.4	8.5	15.5
1851～1860	48.8	21.2	6.2	2.3	7.2	14.3
1861～1870	45.5	12.3	18.3	3.1	6.0	14.8
1871～1880	56.6	11.8	9.5	5.5	5.6	11.0
1881～1890	61.5	9.9	4.2	8.0	3.2	13.2
1891～1900	64.5	6.0	2.7	15.0	2.4	9.4
1901～1910	52.7	1.9	2.1	25.7	4.2	13.4
1911～1913	61.7	0.3	2.1	20.0	4.2	11.7
1914～1918	47.4	3.9	1.4	12.0	7.5	27.8
1919～1923	58.8	4.7	3.4	3.0	5.3	24.8
1924～1928	72.5	0.4	1.9	2.8	4.5	19.9

▲ブラジルの主要輸出産品　1821～1928年　出所：金七紀男『ブラジル史』p.117.

▶奴隷の自殺　妻「見て！　アントニコ。なんてこと！　一五〇〇ミルレイスも損したのよ」。夫「一五〇〇ミルレイスがなんだってんだ。ああ、これでローザ勲章をもらい損ねちまった！」。第二帝政末期、皇帝は奴隷を解放した者にローザ勲章を授与していた。『オ・アルレキン（道化師）』誌。一八六七年。

家の統一であり、エリート官僚とリオデジャネイロの大農園主の同盟が中央集権政治の核心であった。コーヒー産業を牽引するこのリオデジャネイロ農園主たちが経済的に帝国を支え、コーヒーによって富を得た農園主たちは爵位を買ってコーヒー男爵となり皇帝を支えた。帝政期を通じて一二一一あった爵位のうちの八七五は男爵位であった。貴族最下位の男爵は七五〇コントで購入でき、その多くは農園主であった。代議制を掲げながら、第二帝政の政治は、皇帝の調整権のもとでの少数者による少数者のための政治にほかならなかった。

2　コーヒー産業の躍進

パライーバ川流域の発展

一七世紀の植民地経済が砂糖産業によって支えられていたとすれば、一九・二〇世紀の独立国家ブラジルの経済を支えたのはコーヒー産業であった。ブラジルでコーヒーの苗はすでに一七二七年から北部のパラに導入されており、一七六〇年代には小規模ながらリオデジャネイロでも栽培されていたが、国内消費にとどまっていた。一九世紀に入ると、国外に輸出されはじめ、経営規模も拡大した。

一八三〇年代、耕作地がマンティケイラ山脈の南麓沿いに流れるパライーバ川流域に達すると、砂糖を凌駕してブラジルの主力輸出商品となり、コーヒー栽培は急速に拡大した。コーヒーが有力な輸出商品にまで成長した原因は、ヨーロッパにおけるフランスの第二帝政の繁栄、ことにアメリカ合衆国の躍進によってコーヒーの需要が拡大し、価格が上昇したことによる。ブラジルともっとも経済的に関係の深かったイギリスは茶に押されてコーヒーの輸出は多くなかった。

一八五〇年代にはブラジルの輸出総額に占めるコーヒーの比率は四八・八パーセントを記録し、オランダ領ジャワを抜いて世界総生産量の半分を占めるにいたった。その後も生産は拡大しつづけ、一八六一年にはブラジルの貿易収支は積年の赤字から黒字に転じ、好況は一八八五年まで続いた。

砂糖農園エンジェーニョの経営は、サトウキビ栽培と製糖加工という二重の作業を要し、設備投資に莫大な費用を要したが、コーヒー農場ファゼンダはコーヒー豆を生産するだけの単純作業でさほど資本を必要としなかったので、新事業への参入は比較的容易であった。しかし、いずれも国際市場をめざし大土地所有制のもとで営まれるモノカルチュア経済で

パライーバ川流域のコーヒー農場
▲四方を建物で囲まれた広場はコーヒー豆の乾燥場。J.B.ドブレ画。
◀ベネディット・カリスト・デ・ジェズ画。1830年頃。
▼コーヒー豆の乾燥作業をしている奴隷。1882年頃。

あることには変わりはなかった。一八五〇年に奴隷貿易が廃止されたのちもパライーバ川流域のコーヒー生産は奴隷労働に依存していた。

コーヒー産地の拡大と鉄道建設

しかし、一八七〇年代に入ると、隆盛を極めたパライーバ川流域におけるコーヒー生産は頭打ちになった。ブラジルの農業は肥料を施さない略奪農業であったから、土地が疲弊すると、新たな耕地を確保する必要があった。以後、農場はリオデジャネイロの県境を越えて西のサンパウロ県に向かった。そこはテラロッシャとして知られるコーヒー栽培に適した土壌に恵まれていた。企業家精神に富む農場主ファゼンデイロは、得た利益を土地の購入に再投資して事業の拡大を図った。一八五〇年、「土地法」の公布によってセズマリア制

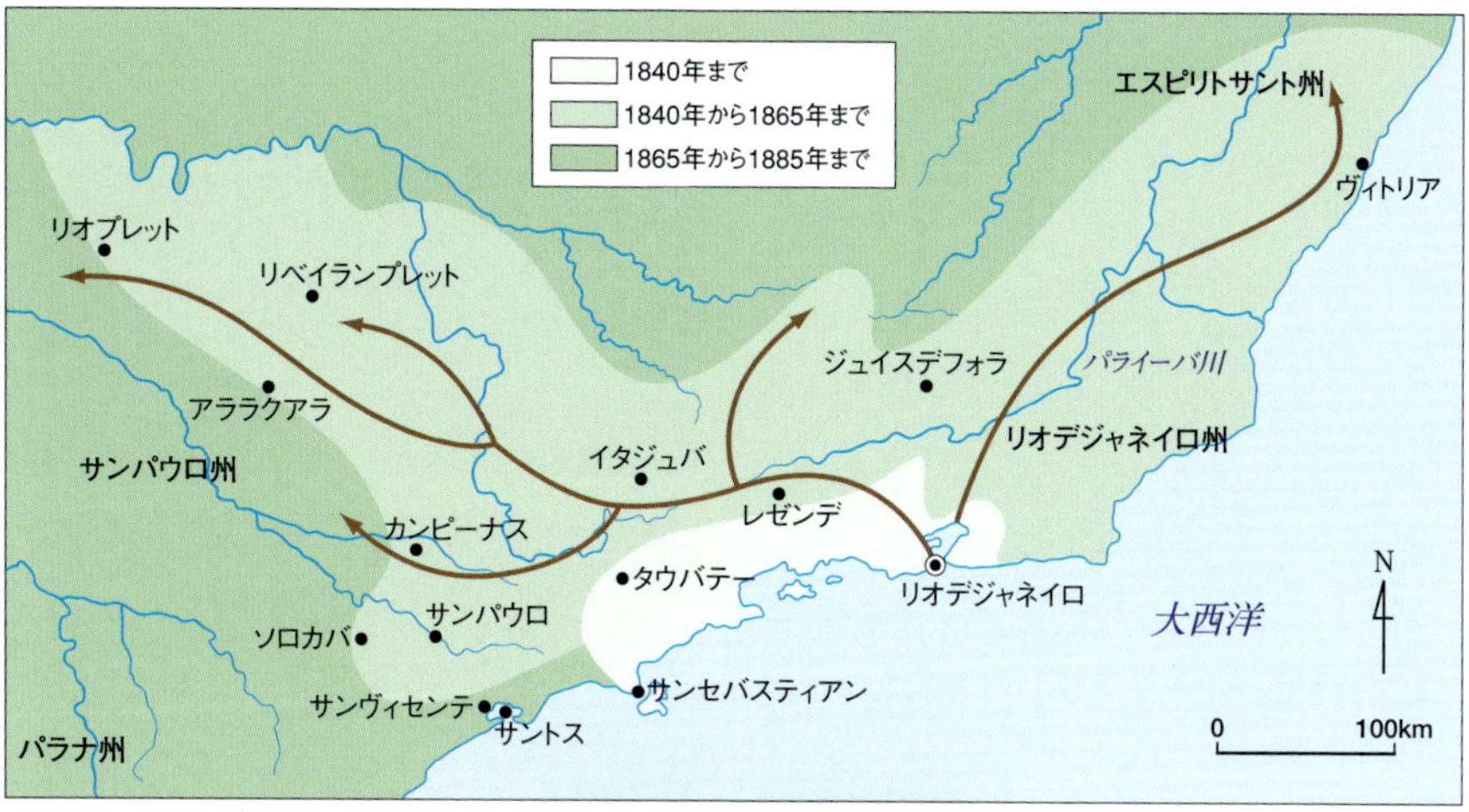

▲コーヒー栽培地の拡張

は廃止され、土地が無償で譲渡される時代は終わっていた。

これまで生産されたコーヒーは輸出港までラバの隊商によって運搬されていたが、コーヒー農場がリオデジャネイロから西へ、北へと広がるに従って沿岸部の積み出し港から遠くなる。その解決策として導入されたのが鉄道輸送であった。

ブラジルにはすでに一八五四年にリオデジャネイローペトロポリス間に鉄道が開通していたが、一八六〇年代イギリス資本がコーヒーの積み出し港サントスとサ

▼**サンパウロ・ルス駅**　一九〇一年に完成したヴィクトリア朝風のルス駅。共和政が成立する一八八九年には南部の鉄道網は全長九五八三キロに達した。一九〇五年頃。

◀**森林の乱伐**　開墾によって森林が消滅し、耕地が枯渇して放棄された跡には草木は生えず、川の旱害を引き起こしていた。ルゲンダスは、ブラジル人は種の保存にまったく無関心であると、早くも一九世紀初頭に環境破壊に注意を喚起している。J・M・ルゲンダス画。

▲**ラバの隊商**　パライーバ川流域の農場からラバの背に乗せられて輸送されるコーヒー。

▶**サントス港**　サンパウロ鉄道の開通で急速に発展し、一八九二年、二六〇メートルの埠頭の完成で南米最大の港となった。一九〇二年頃。

ンパウロを結ぶ鉄道を敷設し、路線はジュンディアイからさらにカンピーナスに達した。同時に輸出港のサントス港も整備された。その後、カンピーナス－イトゥ間、カンピーナス－リベイランプレット間、サンパウロ－ソロカバ間に鉄道網が広がると、それが新たな農場の進出を促す誘因となった。

パラグアイ戦争

パライーバ川流域のコーヒー生産が最盛期を迎えていた一八五〇年、イギリスの圧力で奴隷貿易が禁止された。行き場を失った資本は、鉄道や蒸気船会社、銀行、製造業などの産業に投資され、マウアー子爵（一八一三～八九）のように企業家精神に富む実業家が生まれた。

▶**国会の開会式に臨むペドロ二世**　ペドロ・アメリコ画。一八七二年。帝室博物館（ペトロポリス）。

◀**マウアー子爵**　イリネウ・エヴァンジェリスタ・デ・ソーザ。造船会社設立を皮切りに、銀行の開設、鉄道建設、さらにはブラジル－ヨーロッパ間の海底電信の敷設など数々の事業に関わり、ブラジルの近代化に貢献した。

▶**熱帯植物に囲まれたペドロ二世**　帝国崩壊六年前、五八歳の肖像。一八八三年。

この経済的好況に支えられて、政治の世界では保守党と自由党が歩み寄って「融和内閣」（一八五三～五六年）が成立し、皇帝とも協調的な関係が維持された。この政治的安定は、共和政を採る近隣諸国の不安定とは対照的で、ブラジル生まれの皇帝は、国民から敬愛されていると自負し、みずからの治世を同時代のイギリス・ヴィクトリア女王（一八一九～一九〇一）の治世になぞらえていた。

ところが、一八六四年に始まるパラグアイ戦争の勃発によって、それまでブラジルが抱えていたさまざまの矛盾が一気に噴き出すこととなる。五年余り続いたパラグアイとブラジル・アルゼンチン・ウルグアイの同盟三国が戦った南アメリカ史上最大の戦争である。その背景にはラプラタ川をめぐる各国の地政学的な関心が絡んでいた。発端は、かねてから外洋に出る河川の自由航行権の獲得をもくろんでいたパラグアイ大統領ソラノ・ロペス（一八二七〜七〇）がブラジルとウルグアイの係争に軍事介入したことにある。ブラジルはアルゼンチン、ウルグアイと三国同盟を結んで対抗した。建国以来、富国強兵政策を推進してきたパラグアイは六万四〇〇〇の兵力を擁し、開戦当初、戦局を有利に進めた。他方、同盟軍の主力であるブラジルの兵力は二万に満たず、「義勇兵」の名のもとに民衆を強制徴兵し、さらには自由身分の付与を条件に奴隷をも戦場に送り出さねばならなかった。しかし最終的には国力に勝るブラジルが、一八七〇年

◀**リアチュエロの海戦**　一八六五年六月一一日、パラナ川とパラグアイ川の合流点近くでブラジル艦隊がパラグアイ艦隊を撃滅した南米史上もっとも激烈な合戦の一つ。戦いは、ブラジル艦隊司令官バローゾの掲げる「ブラジルは各員がその義務を尽くすことを期待する」という信号文で始まった。続く「接近戦を行なえ」とともにトラファルガー海戦のネルソンの言葉を踏襲している。エドゥアルド・デ・マルティーノ画。一八七〇年頃。歴史博物館（リオデジャネイロ）。

◀**アバイーの合戦**　六メートル×一一メートルの大作。一八六八年一二月一一日、パラグアイのアバイー川での戦闘。ブラジルの将軍カシアス侯爵の指揮下で同盟軍はパラグアイ軍を破ったが、双方に多大な犠牲者が出た。画家ペドロ・アメリコは軍服を着たブラジル人と上半身裸のパラグアイ人を文明と野蛮の対比として描いた。この戦いには数百人のパラグアイ女性も参戦していたという。一八七七年。国立美術館（リオデジャネイロ）。

◀**パラグアイの敗北による国境の変更**

（人）

1842年	17,435
1843	19,095
1844	22,849
1845	19,453
1846	50,324
1847	56,172
1848	60,000
1849	54,000
1850	23,000
1851	3,387
1852	700

▶**奴隷の輸入数統計　一八四二〜一八五二年**
出所：Luiz Koshiba, *História do Brasil*, p.280.

三月、パラグアイに勝利した。この戦勝で陸軍の威信が高まり、共和主義の台頭とともに軍部は政治への関与を深めていくことになる。

3 奴隷制の廃止と帝政の崩壊

奴隷解放運動の進展

コーヒー産業の好況で輸出が積年の赤字から黒字に転じはじめた一八六〇年代初頭からブラジルでも奴隷解放の動きが強まり、議会でも廃止論が公然と議論されるようになった。すでに見たように、一八五〇年に奴隷貿易は廃止されており、労働力不足の対応は、農場主、帝国政府にとって最重要課題となっていた。帝国議会の代表者たちは、奴隷は帝国経済を支える不可欠の労働力であり、奴隷制は必要悪であると奴隷制を擁護した。

パラグアイ戦争の勃発で解放運動は一時その勢いを失うが、戦争の終結とともに高まった運動に抗しきれず、一八七一年、リオ・ブランコ（一八一九〜八〇）内閣は「出生自由法」を公布して、新生児奴隷を解放した。それは実際的な労働力の損失を回避する方策にすぎなかったが、これによって解放運動は一時下火になった。その一方で、次章に述べるヨーロッパからの移民の導入が始まり、奴隷制問題は人道的側面のみならず経済効率的な側面からも論じられるようになった。

一八八〇年代に入ると、ジョアキン・ナブーコ（一八四九〜一九一〇）ら知識人によって奴隷解放組織が各地に誕生し、それと並行するように奴隷の国内輸送を拒絶するなど民衆の側からの解放運動が盛り上がりをみせた。新たな対応を迫られた政府は、一八八五年、六〇歳以上の奴隷を解放する「六〇歳法」を公布したが、翌一八八六年、スペイン領キューバで奴隷解放が行なわれ、南北アメリカで奴隷制が存続する国はブラジルだけとなった。

なおも奴隷制の延命を図ろうとする政府に対して、逃亡奴隷を捕獲する役目を担っていた陸軍がその役割を拒絶したり、過激な集団が奴隷に逃亡を促し支援するなど、廃止運動は知識人から民衆まであらゆる階層に広がった。この時点でなお

▼**奴隷主の息子と黒人の乳母マンイ・プレッタ**　乳母の奴隷と白人の息子は実母と子のそれに勝るとも劣らない深い情愛関係で結ばれており、家父長制家族のなかで乳母は特別の存在であった。1860年。

奴隷制存続に固執するのは、時代に取り残されたパライーバ川流域のコーヒー男爵たちだけであった。

一八八八年五月一三日、かねてから奴隷解放に好意的であったイザベル皇女(一八四六〜一九二一)が、ヨーロッパ旅行中のペドロ二世に代わって帝国議会の提出した廃止令(黄金法)に署名した。こうして、三〇〇年余り続いた奴隷制はついに廃止された。この廃止令は奴隷を財産とみなしてきた奴隷所有者に対して無償で解放させることになったが、解放された七〇万の奴隷たちに対しても何ら手当が講じられることもなく、社会の最底辺に置き去りにされた。解放民の多くは農業労働者となったが、都市に移った黒人たちは周辺の劣悪な土地に集住し、のちのファヴェラとよばれる貧民街を形成するようになる。

共和主義の台頭

パラグアイ戦争が終結した一八七〇年頃からブラジルは大きく変容しはじめた。コーヒー経済の中心がパライーバ川流域からサンパウロに移動し、その労働力も奴隷労働から移民の賃金労働に転換しつつあった。奴隷貿易の禁止で行き場を失った資本やコーヒー生産からの収益が鉄

▲労働が終わって ヴィクトル・フロン画。1861年。
▼右・ジョアキン・ナブーコ 雄弁で知られる政治家、外交官。下院議員として奴隷解放運動を主導した。また文筆家としてマシャード・デ・アシスらとともにブラジル文学アカデミーを創設した。
▼中・ドラゴン・ド・マール 本名フランシスコ・ジョゼ・ド・ナシメント。北東部セアラ県から南部に売られていく奴隷を沖の奴隷船まで輸送することを拒絶した筏船のリーダー。ドラゴン・ド・マール(海の龍)とあだ名され、奴隷解放運動の民衆的シンボルとなった。
▼左・黄金法 奴隷制廃止前年、奴隷人口は72万であった。共和政成立2年後の1891年、大蔵大臣ルイ・バルボーザは奴隷に関する記録の廃棄を命じた。

▶**皇女イザベル**　兄、弟が夭折したため、一八五〇年、正式にペドロ二世から後継者に指名された。フランス人ユー伯爵ガストンと結婚、共和政成立後はフランスに亡命した。

道建設や工業に投資され、都市化が進んだ。教育やさまざまのサービス産業は新しい雇用を生みだし、リオデジャネイロやサンパウロの大都市では教員や官僚・軍人、医者・弁護士・ジャーナリストなどの自由専門職からなる中間階層が成長を遂げた。ごく少数の特権階級と物言わぬ貧しい大衆の中間にあって、みずからの権利を主張する人びとの数が増えてきたのである。彼らは、帝政を支える北東部の砂糖農園主やパライーバ川流域のコーヒー男爵によって国政への参加が阻まれていると君主政に批判的となり、奴隷解放運動と連動させながら共和主義に傾斜していった。おりから、普仏戦争で敗北したフランスでは第二帝政が崩壊し、パリ・コミューンを経て第三共和政が生まれようとしていた。

この帝政批判に組織として同調しはじめたのは陸軍であった。摂政期以来、治安組織として正規の陸海軍よりも民兵組織の国民軍が重視されてきたことに不満を抱いていた陸軍は、パラグアイ戦争での勝利にもかかわらず冷遇されていることから帝政に批判的となっていった。ことに陸軍士官学校を卒業した若い将校たちの間に共和主義が浸透していった。彼らはまたフランスから紹介されたオーギュスト・コント（一七九八〜一八五七）の実証主義の信奉者でもあった。実証主義は、神学や形而上学に代わる新しい学問として、人間社会

▶**解放後の奴隷たち**　祭日に盛装した奴隷たちを揶揄する戯画。「身は自由になったが、足はまだ奴隷のままだ」と履きなれない靴に往生する奴隷たちをからかっている。奴隷制時代、彼らは裸足で靴を履くことはほとんどなかった。『画報』誌、アンジェロ・アゴスティーニ画。1888年。

▼**人類教の寺院**　1881年、ミゲル・レモスによってリオデジャネイロに建立された世界最初の実証主義の教会。「愛を原則とし、秩序を基礎とし、進歩を目的とする」をモットーとする。

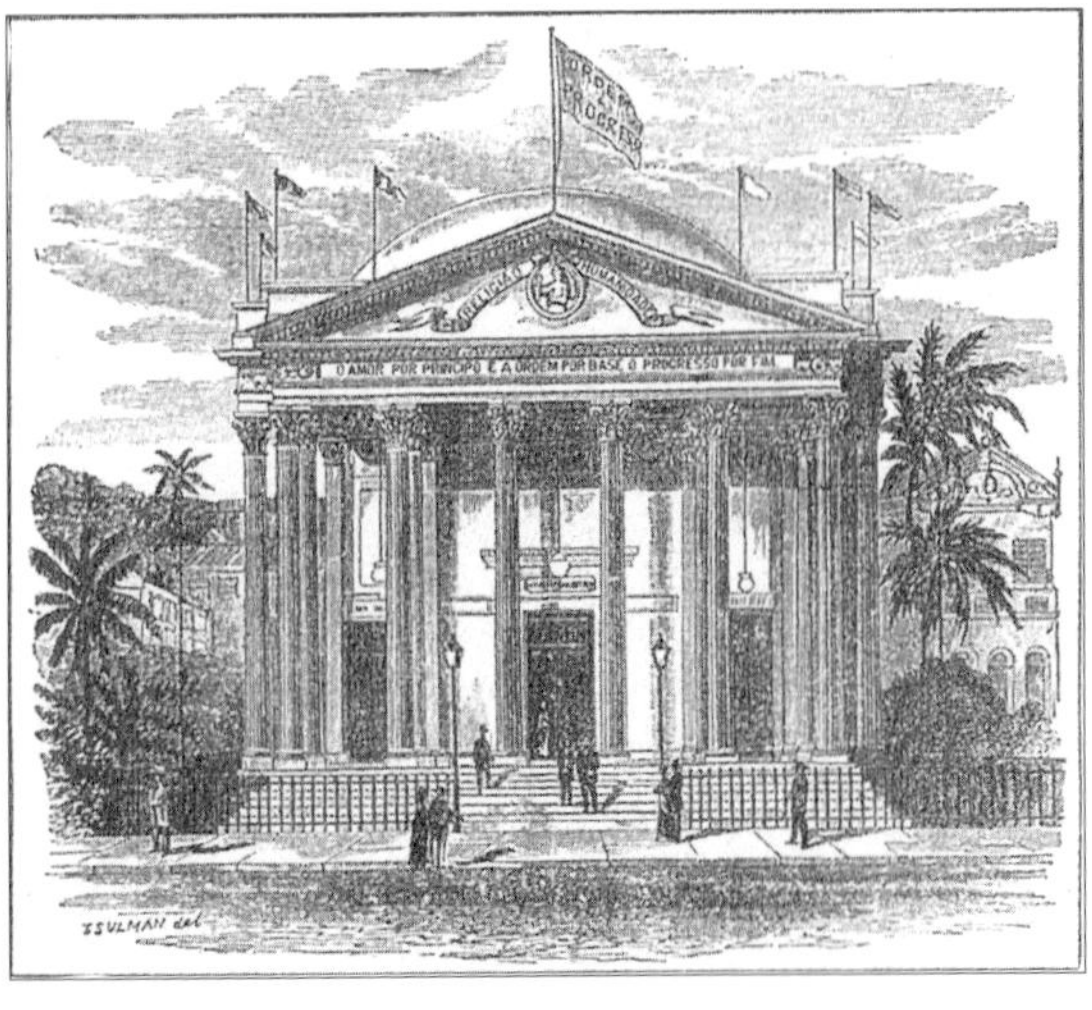

に自然科学的な法則を適用しようとする社会進化論の一つであるが、ブラジルでは陸軍士官学校の教官ベンジャミン・コンスタン（一八三三〜九一）をとおして秩序を重んじ軍事独裁を容認する保守的な近代化論として流布した。

第二帝政の終焉

サンパウロの農場主たちもサンパウロのコーヒー生産量がリオデジャネイロの生産量を凌駕しているにもかかわらず、経済力に見合った政治権力を付与されていないことに不満を抱いていた。リオデジャネイロで「共和主義マニフェスト」が宣言された三年後の一八七三年、サンパウロ共和党が結成された。同じ共和主義を唱えながら、社会的基盤がまったく異なるサンパウロ共和党は、中央から派遣される県知事が中央の利益を県内の利益に優先することに批判的で、連邦主義を唱えていた。

各界からの批判に対して、一八八九年六月、自由党政権は包括的な改革案を議会に提議したが、保守党の反対にあって議会は解散された。しかし選挙によって合法的に政権を奪えないことを知っていた共和主義者たちは、かねてから接触していた陸軍の若手将校たちをとおして信望の篤いデオドーロ・ダ・フォンセッカ将軍（一八二七〜九二）に軍事介入を要請した。一一月一五日、デオドーロは陸軍省を占拠し、クーデターは無血のうちに成功した。第二帝政は朽ち果てた樹木のごとく音もなく倒壊し、共和政が宣言された。体制の変化もたんなる支配層の入れ替わりにすぎず、独立時と同様、またしても民衆不在のうちに行なわれた。皇室一族はポルトガルに亡命した。ブラガンサ家はふたたび祖国に戻ったのである。

◀**ベンジャミン・コンスタン**　陸軍士官学校の教官として若い将校たちに実証主義を吹き込んだ。共和政成立後は陸相、教育相を歴任した。

▲**「共和政宣言」**　デオドーロ・ダ・フォンセッカ自身、君主主義者で、動員された兵士たちも、これはオーロプレット内閣に対するクーデターで、帝政を倒したクーデターだとは思いもよらなかった、という実に奇妙な政変であった。ベネディット・カリスト画。1893年。サンパウロ州立絵画館。

第七章　第一共和政とコーヒー政治

1 「秩序と進歩」

大統領と連邦制

一八八九年に始まるブラジル最初の共和政は第一共和政とよばれるが、また旧共和政とも称される。この体制を倒したヴァルガスの体制を新共和政とよんで、それまでの体制はもう古いという否定的な意味で旧共和政と名づけられたと考えられる。いずれにせよ、この寡頭制共和政は、ヴァルガス革命によって終焉するまで四一年間続くことになる。

共和政宣言後、ただちにデオドーロ・ダ・フォンセッカ将軍の率いる臨時政府が発足した。クーデターの陰の指導者ベンジャミン・コンスタンは陸相に就任した。クーデターを敢行した若手将校たちの信奉する実証主義にもとづいて政教分離が実施され、教会はそれまで享受していた特権を失った。国旗も実証主義のモットー「秩序と進歩」をロゴに入れ、県から州に改められた二〇の州が天空の星としてちりばめられた。王宮広場は一一月一五日広場に、サンターナ広場は共和国広場に改名された。帝政の復活をおそれた共和主義者は目に見えるかたちで体制の変化を国民に印象づけようとしたが、実際には支配層内部の権力が入れ替わっただけで社会経済構造にはほとんど変化はみられなかった。

一八九一年に公布された憲法は、実証主義とともにアメリカ合衆国憲法の影響が色濃い。ブラジルは大統領制にもとづく連邦共和国と規定された。二一歳以上の読み書きできるすべての男性に選挙権が付与された。信教の自由が宣言されて、カトリックは国教ではなくなった。連邦制は、州政府の裁量権が多くなったことを意味する。州政府が外国と借款契約を結ぶこともできるようになったことは、サンパウロ共和党にとって大きな成果であった。

▲**ブラジル国旗**　地の緑は内陸部の大森林、菱形の黄色は地下資源、円形の天空と星は大航海を連想させる天球儀を含意している。27の星はそれぞれ州と連邦区に相当し、その位置は1889年11月15日8時30分のリオデジャネイロの空を示している。

軍人大統領

憲法公布後、国会によってデオドーロ・ダ・フォンセッカ将軍が共和国最初の大統領に選出され、副大統領は対立候補者プルデンテ・デ・モラエス（一八四一～一九〇二）の推すフロリアーノ・ペイショット将軍（一八三九～九五）が当選した。共和政になじめないデオドーロの強引な強権政治は国民の反発にあい、一八九一年一一月に辞任をよぎなくされた。蔵相ルイ・バルボーザ（一八四九～一九二三）が進めた工業化推進のための過剰な金融緩和が物価の高騰、企業の倒産をまねいたこともその一因であった。

代わって同じく軍人の副大統領フロリアーノ・ペイショットが大統領に昇格した。ペイショットは、実証主義の洗礼を受けた若い将校たちの支持を得て、軍事独裁のもとに中央集権化を進め、社会の近代化をめざした。ブラジルのコーヒー生産を牛耳る寡占支配層、いわゆるコーヒー・オリガルキーの反対を押し切って、工業の保護政策を採り、食料品物価の安定、家賃の引き下げを断行した。一八九三年、君主政支持者の多い海軍が陸軍の主導する共和政府に対して反乱を試みたが、ペイショットはサンパウロ共和党との「戦略的合意」のもとに財政支援を得て海軍の反乱をほぼ制圧した。ジャコバン派とよばれる過激な共和主義者はペイショットの軍政の続行を望んだが、ペイショットは一八九四年一一月、任期満了とともに辞任した。

2 コーヒー・オリガルキー体制の確立

カフェ・コン・レイテ

国民投票で選出された最初の文民大統領プルデンテ・デ・モラエスの四年間は波乱に満ちたものとなった。ペイショットの任期中にリオグランデドスル州に内乱が起こり、それが終結するとまもなく、共和政を揺るがすカヌードス戦争（コラム3「カヌードス戦争　千年王国を求めて」参照）が始まった。任期最終年の一八九七年には大統領プルデンテ・デ・モラエスの暗殺未遂事件が起きるが、事件の関与でジャコバン派は消滅し、事件と一部軍人の関わりが明らかになって、軍部の政治活動も下火になった。

翌一八九八年、同じくサンパウロ出身のカンポス・サーレス（一八四一～一九一三）の大統領就任によって共和体制は安定をみ、コーヒー・ブルジョアジーによる寡頭支配が確立する。この旧共和政を主導

◀**共和国のアレゴリー**　フランス第三共和政は自由の女神マリアンヌによって表象されたが、ブラジルでも共和政は赤いフリジア帽をかぶった女性で表象され、自由を守るために剣を携えている。マヌエル・ロペス・ロドリゲス画。一八九六年。バイーア美術館。

◀**軍人大統領デオドーロ（上）とペイショット（下）**

年	袋 (60kg)	総額 （コントス・デ・レイス）	単価 ($)	輸出総額に占める割合 (%)
1891～1900	74,491,000	4,691,906	62.986	64.5
1901～1910	130,599,000	4,179,817	32.005	51.3

▲コーヒーの輸出統計　1891～1910年　出所：金七紀男『ブラジル史』p.147.

したのがサンパウロ共和党とミナスジェライス共和党である。総選挙で選出されたプルデンテ・デ・モラエスから一九三〇年のヴァルガス革命までの三六年間に選出された一一人の大統領のうちエルメス・ダ・フォンセッカ将軍（一八五五〜一九二三）を除いて、五人がサンパウロ出身、同じく五人がミナスジェライス出身であった。

旧共和政初期の一八九〇年代、コーヒーの輸出は輸出総額の六四・五パーセントを占め、したがって、コーヒーの生産州、サンパウロ州とミナスジェライス州がブラジル経済を担っていたことになる。ミナスジェライス州も主要産業はコーヒーであるが、伝統的に酪農で知られていたので、この二州による寡頭支配体制オリガルキーを通常カフェ・コン・レイテ（カフェ・オ・レ）とよぶ。このカフェ・コン・レイテ体制を維持するために、中央政府の大統領と地方の有力者である州知事は「持ちつ持たれつ」の利害関係で結ばれ、州知事選挙、国会議員選挙に際して政権候補者が確実に当選できるように仕組まれた。

▶パウリスタ通りの開通　ブラジル社会の中心が農村から都市に移行する過渡期の一八九一年、サンパウロ市民のための新しい住宅地を貫く道路として建造された。通りは幅三〇メートル、全長三キロにおよぶ。九年後には市電が開通した。ジュール・マルタン画。一八九一年。サンパウロ大学博物館。

▶リオ・ブランコ大通り　一九世紀末から第一次大戦が始まるまでの、いわゆるベルエポックを象徴するブールヴァール、リオ・ブランコ大通り。人びとは奴隷制廃止や共和政の成立によって新しい時代の到来に期待を寄せた。都市が美化整備され、「進歩」や「文明」という言葉が飛び交った。

コロネルの支配

この選挙に際して、集票組織として働いたのが地方の有力者コロネルである。ブラジルにはコーヒーのほかに、植民地時代以来、砂糖や綿花の大農場主、皮革と保存肉を生産する大牧場主が地方の有力者として権勢を誇っていた。彼らは摂政期以来、治安維持のために組織された民兵組織、国民軍を指揮するコロネルに任ぜられて地方政治を牛耳ってきた。ことに貧しい北東部ではコロネルと従属する農民は緊密なパトロン・クライアント関係で結ばれ、農民はわずかな「恩恵」で絶対的な服従をよぎなくされてきた。

コロネルは支配下にある農民を容易に誘導して特定の候補者に投票させることができた。こうして、サンパウロ州とミナスジェライス州の共和党は、中央政府を支配することで全国的に影響力をおよぼすことができたのである。

コーヒー生産者保護政策

すでに第六章で述べたように、コーヒー生産地は一八七〇年代以降リオデジャネイロ州からサンパウロ州に移り、生産量も飛躍的に増大した。その生産量は、一八九〇～九一年の五五〇万袋（一袋は六〇キロ）から一〇年後には一六三〇万袋に達した。しかし帝政末期の一八八〇年代から世界のコーヒー生産量は消費量を上回るようになり、価格は大幅に下落していた。輸出価格は一八九三年から六年後の一八九九年には三分の一に下落した。発足と同時にその対応に迫られた共和政政府は、イギリスの通貨ポンドに対してブラジルの通貨ミルレイスを切り下げる為替操作によって生産者を救済した。平価切り下げは、工業製品を輸入に頼っている消費者、とくに都市の住民には大きな負担となった。

一方、救済された生産者はさらに増産に狂奔したため、在庫が山積みされ、生産者は苦境に陥った。新たな救済策として、サンパウロ、ミナスジェライス、リオデジャネイロの州知事は、一九〇六年、大統領の反対を押し切って、中央政府が

▲リオデジャネイロ市立劇場（左）と国立美術館（右） 1904年に開通した中央大通り（リオ・ブランコ大通り）にパリのオペラ座とルーヴル美術館に着想を得た劇場と美術館が建造され、近代都市としての体裁を帯びるようになった。

▼排泄物の処理 ティグレスとよばれた黒人たちが家庭から収集したゴミや排泄物を海に投棄した。通路は汚物で汚れ伝染病の原因となっていた。『週刊画報』誌。1861年。

▼投票は意のままに 唯々諾々としてコロネルの指示通りに投票する有権者はロバに見立てられ、政治家に導かれて投票所に向かう。フリジア帽をかぶった女性は共和政の象徴。『カレッタ』誌。1927年。

余剰品を買い上げ、価格が上昇したときに売却するというタウバテ協定を結び、その法案を国会で承認させた。

3 奴隷労働から移民労働へ

移民の急増

すでに述べたように、リオデジャネイロ州パライーバ川流域のコーヒー生産を支えたのは伝統的な奴隷労働であったが、サンパウロのコーヒー生産はヨーロッパからの移民によって支えられていた。一八〇八年の開港と同時にポルトガル人以外にもブラジル移民の道が開け、スイス人やドイツ人がリオデジャネイロ周辺に自営農として入植していた。そして、サンパウロのコーヒー生産が活況を呈しはじめる一八七〇年代、ヨーロッパは第一次産業革命が行き詰まって経済不況に見舞われ、資本主義の発達が脆弱な地中海周辺のイタリア、スペイン、ポルトガルから大量の移民が新天地を求めて新大陸に渡ってきた。

移民の流入は、共和政初期の一八九〇年代と第一次大戦前の一〇年間がピークで、一八九一年から一九〇〇年には一〇〇万人を超える移民が流入している。移民の国籍はイタリア人がもっとも多く、次いでポルトガル人、スペイン人の順で、ラテン系が圧倒的に多い。移民が本格化した一八七二年から第一共和政が終焉する一九三〇年までに合計三九〇万人の移民が流入することになる。しかし農業移民として彼らを待ちうけていたのは過酷な労働と劣悪な待遇であった。そのため、

▲**「コーヒー」** 作者カンディド・ポルティナーリはイタリアの移民2世。ヨーロッパに遊学し、キュービズム、シュールレアリズム、メキシコの壁画運動の影響を受けた。1935年「コーヒー」がニューヨークで高い評価を得て、ブラジルを代表する画家となった。国立美術館（リオデジャネイロ）。

▼**「工業労働者」** 出自の異なる移民のピラミッド。作者タルジラ・ド・アマラルは「百万長者」とよばれたサンパウロの富裕な農場主の家に生まれ、バルセロナで絵画を学んだ。アニタ・マルファティやオズワルド・デ・アンドラーデらとともにブラジル・モダニズム運動に参加したが、共産主義に共鳴し、社会問題に関わる作品を数多く残した。代表作は「アバポルー」（人を食う男）。1933年。サンパウロ州政府。

	ポルトガル	イタリア	スペイン	ドイツ	日本	他	計（人）
1872～1879	55,027	45,467	3,392	14,325	—	58,126	176,337
1880～1889	104,690	277,124	30,066	18,901	—	17,841	448,622
1890～1899	219,353	690,365	164,293	17,084	—	107,232	1,198,327
1900～1909	195,586	221,394	113,232	13,848	861	77,486	622,407
1910～1919	318,481	138,168	181,651	25,902	27,432	123,819	815,453
1920～1929	301,915	106,835	81,931	75,801	58,284	221,881	846,647
1930～1939	102,743	22,170	12,746	27,497	99,222	63,390	327,768
1940～1949	45,604	15,819	4,702	6,807	2,828	38,325	114,085
1950～1959	241,579	91,931	94,693	16,643	33,593	104,629	583,068
1960～1969	74,129	12,414	28,397	5,659	25,092	51,896	197,587
1970～1972	3,073	804	949	1,050	695	9,017	15,588
1872～1972	1,662,180	1,622,491	716,052	223,517	248,007	873,642	5,345,889

▲移民の統計　1872～1972年　出所：Jeffrey Lesser, *Immigration*, p.15.

一九〇〇年を境にヨーロッパからの移民が激減した。労働力の確保に窮したサンパウロ州は、日本をはじめとするアジア人を契約農コローノとして受け入れはじめたのである。一九〇八年、笠戸丸でサンパウロのサントス港に上陸した七八一人が日本人最初の移民となった。

初期工業化と都市サンパウロの発展

当初、契約農コローノとしてコーヒー農場で働いたヨーロッパ人の多くはやがて都市に流入した。その結果、サンパウロ市の人口は、ブラジルで国勢調査が初めて実施された一八七二年の三万人から一九二〇年には五七万九〇〇〇人に激増した。そのうち、三分の一以上が職工で、大半はポルトガル人、イタリア人、スペイン人などの外国人であった。他方、リオデジャネイロは、産業の発展はサンパウロほどではなかったが、ブラジルの首都として一九二〇年、一一五万八〇〇〇人と、サンパウロの二倍の人口を擁していた。

おりから、サンパウロではコーヒー産業からあがる収益が他の産業部門に投資されはじめ、繊維工業、食品工業などの軽工業が勃興しつつあった。ことに第一

◀現代の奴隷船　リトアニア生まれのユダヤ系ブラジル人画家、ラザール・セガールの最高傑作「移民船」。セガールはブラジルに表現主義を紹介し、戦争、迫害、売春などをテーマに社会の底辺であえぐ人々を描いた。ラザール・セガール博物館。一九三九～四一年。

▼サンターナ繊維工場　サンパウロ・ブラス地区。一九〇七年。

次世界大戦の勃発にともなって国外からの輸入が途絶えがちになると、国内工業が急速に発展を遂げた。本来的に、共和政府の農産物輸出重視政策は、工業ブルジョアジーの利益に反するものであったが、工業ブルジョアジーの多くがコーヒー・ブルジョアジーやその家族であったため、工業ブルジョアジーと農業ブルジョアジーとの関係は曖昧であった。むしろ工業ブルジョアジーにとっての敵対者は、労働組合を結成し、労働条件の改善を要求してストライキを敢行するプロレタリアートであった。彼らの多くは外国人移民で、すでに祖国で労働運動の経験をもっていた。労働運動はヨーロッパの影響を受けて、当初はアナルコ・サンディカリズムが優勢であったが、ロシア革命後は共産主義が優位に立ち、一九二二年にはブラジル共産党が結成された。

4 第一共和政の終焉

共和政体内部の不協和音

すでに述べたように、サンパウロ州とミナスジェライス州が手を組んでカフエ・コン・レイテ体制を維持してきたが、一九一〇年の大統領選挙では、軍人のエルメス・ダ・フォンセッカがミナスジェライス州とリオグランデドスル州の支持を得て当選した。牧畜が主力産業でコーヒー生産とは無縁のリオグランデドスル

▲職業百態　都市化とともに職業も多様化し、路上で行商する白人が多くなった。

▼女性の社会進出の戯画　植民地時代にはイスラム的伝統の影響もあって女性は家に閉じ込められていたが、共和政時代には女性が奴隷の召使に代わって家事をしたり、積極的に外出するなど女性の意識や行動、振舞いに大きな変化がみられるようになった。

▼サロンの誕生

▲**「セレナータ」**　1870年頃リオデジャネイロではフルート、ギター、カヴァキーニョでワルツやポルカなどのヨーロッパ音楽をブラジル風に即興的に演奏するバンドをショーロとよんでいた。それが都市の発達とともにブラジル最初の都市音楽の1ジャンルとなった。カンディド・ポルティナーリ画。1925年。

▲**リオのカフェ**　都市生活が多様化するにつれて情報交換や出会いの場としてサロンやカフェが繁盛した。

▶**共産党の創立メンバー**　ブラジル共産党は1922年3月、ニテロイで創立された。書記長はレバノン出身の理髪師アビリオ・デ・ネケッテ（写真前列中央）、ほかのメンバーの職業はジャーナリスト、電気工、印刷工、仕立職人（2人）、靴職人、会計係、箒製造人である。

州の台頭に危機感を抱いたサンパウロ州は、あらためてミナスジェライス州との同盟を強化し、一九一三年に両州で大統領を交互に選出するオーロフィノ協定を結んだ。

　ヨーロッパで第一次世界大戦が勃発すると、ブラジルも一九一七年から参戦した。戦時中は束の間の好況を享受したが、その一方で労働運動の激化によって社会不安が増大した。戦後の一九二〇年からコーヒー価格が下落し、二〇世紀初頭、一大ブームを巻き起こしたアマゾンのゴム輸出も低迷した。経済状態の悪化によって各地で連邦政府に対する不満が高まった。これまでサンパウロ州とミナスジェライス州の主導権を容認してきた北東部などの他の州も変化を求めた。カフェ・コン・レイテ体制はほころびはじめ、オリガルキーのベルエポックは終息に向かっていた。

テネンティズモ

　一九二二年初めサンパウロ州とミナスジェライス州が大統領選挙の候補者にアルトゥール・ベルナルデス（一八七五〜一九五五）を推薦すると、外国の借款によるコーヒーの価格維持政策に反対してリオグランデドスル州をはじめリオデジャネイロ州、バイーア州、ペルナンブーコ

▶**マナウスのオペラハウス**　一八九六年、ゴム・ブームに沸く熱帯のマナウスに建造されたオペラハウス。自動車産業の発達とともにアマゾンのゴム産業は急成長を遂げ、一九一五年まで世界一の生産量を誇った。しかしアマゾンから持ちだされたゴムの苗が英領東南アジアで栽培されるとまもなくアマゾンのゴム景気は終わりを告げた。

州は「共和主義抵抗」を結成して対立候補者を出し、全国的に激しい選挙戦が展開された。それはオリガルキー内部崩壊の始まりであった。リオデジャネイロやサンパウロの都市中産階級は公正な選挙を求めてリオデジャネイロ州出身のニロ・ペサーニャ（一八六七〜一九二四）を支援した。リオグランデドスル州と関係の深い陸軍の若い将校テネンテたちもペサーニャを支持した。サンパウロ州、ミナスジェライス州は伝統的に反軍意識が強く、両州出身の将校はほとんどいなかった。

選挙の結果は、ベルナルデスの勝利に終わった。しかし、かねてから現体制に不満を抱き、陸軍上層部に対しても批判的だったテネンテたちが、一九二二年七月五日、リオデジャネイロのコパカバーナ要塞で反乱を起こした。きっかけは、元大統領エルメス・ダ・フォンセッカ元帥がペルナンブーコ州の政治に介入した嫌疑で逮捕されたことにあった。戒厳令が布告され、反乱軍は鎮圧された。ベルナルデスの大統領就任阻止をもくろんだこの反乱はまったく成算のない企てであったが、「陸軍の名誉のために」立ち上がった若い将校たちは「要塞の一八人」として語り継がれ、愛国運動の伝説となった。

この反乱からちょうど二年後の一九二四年七月五日、テネンテたちはサンパウロであらたに反乱を起こした。反乱軍は州知事を追放し、一八日間サンパウロを支配したが、政府軍に圧倒されて南に逃れた。彼らは、やはりリオグランデドスル州で反乱を起こした陸軍大尉ルイス・カルロス・プレステス（一八九八〜一九九〇）の部隊とパラナ州で合流した。その後、「プレステス隊」の隊員およそ一五〇〇人は民衆に革命への賛同を呼びかけ、政府軍と戦いながら、内陸部二万四〇〇〇キロにおよぶ長征を実現した。しかし、一九二七年二月、ついに力尽きてボリビ

▶**コパカバーナ要塞の反乱**　降伏を拒絶した一七人の将校は要塞を出て政府軍と対決するために行進した。途中一人の市民も加わった。政府軍の銃撃を受け、生き残った二人のうちエドゥアルド・ゴメスは、戦後大統領に立候補する。

アに逃れた。

　陸軍の若い将校テネンテたちによって引き起こされたこの一連の反乱はテネンティズモとよばれる。一九世紀末に帝政崩壊のきっかけをつくった若い将校たちは、共和主義、実証主義という市民と共有できる明確なイデオロギーに支えられていたが、一九二〇年代の将校テネンテたちは、普通選挙の実施などで都市中産階級と共通の目標を掲げながらも職業軍人としての強いエリート意識をもっていた。共和政に幻滅し、反自由主義を唱え、オリガルキー支配体制を打破することによって強力な中央政権の樹立をめざしていた。

▲プレステス部隊とプレステス（前列左２番目）

カフェ・コン・レイテの分裂

　一九二五年、あらたに「サンパウロ・コーヒー院」を創設したサンパウロ州政府は、連邦政府からコーヒー価格維持政策を引き継いだが、このようなコーヒー一辺倒の政策は他の産業部門の反発をまねいた。一九二六年、サンパウロ共和党から分離した一派はサンパウロ民主党を結成し、ことに中産階級上層部から歓迎された。しかし同年に行なわれた大統領選挙では、オーロフィノ協定に従って、ミナスジェライス州のベルナルデスの後任としてサンパウロ州のワシントン・ルイス（一八六九〜一九五七）が当選した。

　したがって、一九二九年、ミナスジェライス州は当然のこととして次期大統領候補者を用意した。ところが、サンパウロ州出身のワシントン・ルイスは、協定を無視して、引き続きサンパウロ州から候補者を立てたのである。これに反発したミナスジェライス州は、リオグランデドスル州の知事ジェトゥリオ・ドルネレス・ヴァルガス（一八八三〜一九五四）を大統領候補に推すことで同州の支持を取りつけた。パライーバ州も副大統領候補を出すことを条件にミナスジェライス州に与した。こうして、三州による反サンパウロ「自由同盟」が結成された。サンパウロ民主党もこれに同調した。自由同盟は、一九二二年、一九二四年の反乱で刑に服している軍人の恩赦を条件に陸軍のテネンテたちの同意を取りつけることに成功した。さらに無記名投票や労働時間の短縮を公約に掲げて中産階級と労働者階級の支持を得ようとした。

▼アメリカにコーヒーを宣伝するミス・ブラジル　ミス・ブラジル「私、世界一の美人じゃないかもしれないけど、ブラジルのコーヒーは世界一よ」。『オ・マーリョ』誌。1929年。

世界恐慌と第一共和政の終焉

激しい選挙戦が行なわれていた最中の一九二九年一〇月、ニューヨーク株式市場の株価が大暴落した。アメリカ合衆国は大恐慌に陥り、その影響は全世界に波及した。合衆国はブラジル・コーヒーの最大の輸入国であることから、一九二九年に生産されたコーヒー二八九四万袋のうち輸出は一四二八万袋と半分以下に激減し、価格にいたっては一九二九年八月の一袋二〇〇ミルレイスから一九三〇年一月には二一ミルレイスと実に一〇分の一近くまで暴落した。その影響で大量の農業労働者が失業して都市に流入した。都市でも多くの工場が閉鎖に追い込まれ、大量の労働者が職を失った。

一九三〇年三月の選挙は例によって不正が横行し、与党の候補者ジュリオ・プレステス（一八八二〜一九四六）が当選した。しかし、七月、ヴァルガスの副大統領候補だったジョアン・ペソア（一八七八〜一九三〇）が殺害されるという事件が起きて、ブラジルの政情は激変する。殺害はまったく個人的な理由によるものであったが、これをきっかけに、一〇月三日、プレステスの当選に不満を抱いていたテネンテたちがリオグランデドスル州のポルトアレグレで反乱を起こした。陸軍中佐ゴイス・モンテイロ（一八八九〜一九五六）率いるリオグランデドスル部隊はリオデジャネイロへの進軍を開始した。それに呼応して各地で反乱が相次いだ。「革命」に賛同した陸軍上層部は、三人の将軍からなる革命評議会を組織した。一〇月二四日、ワシントン・ルイスは解任されて第一共和政は崩壊し、コーヒー・ブルジョアジーのヘゲモニーは終焉した。軍事評議会はそのまま権力の座にとどまろうとしたが、テネンテたちの圧力で解散し、一一月三日、ジェトゥリオ・ヴァルガスが政権を掌握することとなった。こうして、農業アリストクラシーは、ブラジル史上初めて国政のヘゲモニーを失い、これ以降、二度と回復することはできなくなった。

▶「大統領はジェトゥリオ・ヴァルガスに」

▼一九三〇年革命の成功　一九三〇年一〇月二四日のリオデジャネイロ。

カヌードス戦争　千年王国を求めて

大土地所有制と奴隷制という宿痾《しゅくあ》のもとでブラジルの農民はつねに貧窮にあえいできた。奴隷制が廃止され、共和政が樹立したのちも彼らの状況にはなんら変化はみられなかった。ことに貧しい北東部の農民は地域の有力者コロネルの支配下にあって生存ぎりぎりの絶望的な生活をよぎなくされてきた。このような状況下にあるバイーアの奥地に帝政末期の一八七六年頃からアントニオ・コンセリェイロなる巡回説教師が現れ、貧しい農民に終末の近いことを予言し聖地の建設をよびかけた。

一八八九年に誕生した共和政政府は、伝統からの決別、文明の進歩をモットーに政教分離を実施してカトリックを国教とは認めなくなった。それに付随して行なわれた、教会の七秘跡の一つに数えられる婚姻の民事化、共同墓地の世俗管理は、伝統的な生活習慣に慣れ親しんできた農民たちに大きな不安をあたえた。コンセリェイロはこのような農民の不安を汲みとって政教分離を批判し、壊れた教会の修復や新しい教会の建立運動を進めたことから、しだいに彼を聖者として崇め巡回に付き従う信奉者が増えていった。一八九三年頃には信奉者の数は三万人近くに膨れ上がった。現世に救いを求めた信奉者たちは全財産を擲《なげう》ってバイーアのカヌードスに聖地を建設し、共同生活を始めた。

農民の流出で労働力を失った周辺の地主たちはこのカヌードス村を敵視し、信者を奪われた教会は彼らの運動を異端として危険視した。コンセリェイロの政教分離批判を共和政に対する批判とみなした政府は、カヌードス村殲滅を「野蛮」に対する「文明」の戦いと位置づけ、軍隊を派遣した。三度にわたる失敗ののち、一八九七年一〇月、大砲などで重装備した八〇〇〇人の兵力を送りこんでようやくカヌードス村を全滅させた。

コンセリェイロに導かれたこの民衆運動は、貧困に打ちひしがれた農民が現世に理想の王国を築こうとした集団的救済運動であり、それはセバスティアニズモという一六世紀にポルトガルで生まれたメシア思想の再現であった。一五七八年、イスラム教徒との戦いで行方不明となったポルトガル王ドン・セバスティアンがスペインの圧政に苦しむ民衆を救済してくれるというメシア思想が三〇〇年後のブラジルで蘇ったのである。同じような千年王国運動には、一九一二年、「近代的土地所有法」を盾に土地を追われた南部の農民たちが「不法占拠者」として新エルサレムを創ろうと官憲と戦ったコンテスタードの乱がある。これは、現代の「土地なし農民運動」（コラム4）に一脈通じるものがある。このほか、共和政初期には、北東部の農民たちが匪賊《ひぞく》と化して富裕階層を襲撃した。カンガセイロとよばれる彼らの行動は宗教とは無縁の略奪行動にすぎなかったが、貧困と社会的不平等、大土地所有者への反発という点では共通する一種の反体制運動であった。

▲カヌードスの集落

第3部　現代ブラジル　一九三〇～二〇一三年

第八章

ヴァルガスの時代

1　ヴァルガス革命

民衆の登場

ヴァルガスは「陸軍・海軍・人民」の名のもとに臨時政権を担った。連邦議会、州議会はすべて解散され、ヴァルガスは立法権・行政権を掌握した。以後、ヴァルガスは、一九三〇年から一九四五年まで、五年間の在野期間を経て、一九五一年から一九五四年まで、合わせて二〇年間にわたってブラジルを統治した。その影響力は今日におよんでいる。

世界恐慌による深刻な経済不況のなかで、初期のヴァルガス政権を支えたのはサンパウロを除く寡頭支配層とテネンテ将校団であった。しかし実際に政権の要職や州知事に代わる執政官のポストを占めたのはテネンテたちで、彼らは中央集権的な軍事独裁の継続を望んだ。他方、農村の有権者を自由にコントロールできる寡頭支配層は、立憲体制を確立して権力の座を回復しようとした。

ことに復権をめざすサンパウロ州は、ヴァルガスに協力しながら権力から遠ざけられたサンパウロ民主党を取り込んで「統一戦線」を結成し、制憲議会選挙を要求した。それが不可能とわかると、一九三二年七月、市民や学生の郷土愛に訴えて「立憲革命」を起こした。しかし他の州の寡頭支配層からの支援が得られず、圧倒的な政府軍によって制圧された。とはいえ、ヴァルガスはサンパウロ州の要求を認めたかたちで、一九三三年五月、

▲**ヴァルガスの登場**　1930年10月31日、大統領官邸カテテ宮殿に到着したヴァルガス。ヴァルガスは軍服を身につけ、手にはリオグランデドスルのカウボーイ・ハットを持っている。

無記名投票による制憲議会選挙を実施した。立憲体制の樹立を危惧したテネンテたちはクーデターを試みたが失敗し、それを境に政権におけるテネンテ将校団の影響力は失われた。この間、ヴァルガスは世界恐慌で価格が暴落したコーヒーその他の輸出農産物の対応に追われた。政府はコーヒー価格維持のために余剰のコーヒーを原価の二〇パーセントで買い取り、それを焼却するという救済手段を講じた。

　一九三四年七月、ワイマール憲法を範にして自由主義、民主主義を標榜する憲法が公布された。その翌日、ヴァルガスは過渡的な措置として国会で共和国大統領に選出された。旧共和政は労働問題を治安問題として取り締り一辺倒であったが、ヴァルガスはこれを社会問題としてとらえ、労働商工省を創設して、労働者保護法令を定めた。また経済ナショナリズムを唱えて、天然資源の国有化を決定した。それは、これまでのブラジルの歴史で無視されてきた民衆を取り込もうとする新しい時代の到来を思わせた。以後、一九四五年までヴァルガスは民衆の支持を背景に独裁者として権力を振るうことになる。

◀義勇兵を募るポスター　「君には果たすべき義務がある。胸に手を当てて考えてみよ」

◀キリスト像の落成　五年の歳月をかけて建立が進められていたキリスト像の落成式が一九三一年一〇月一二日に行なわれた。海抜七一〇メートルのコルコヴァードの丘に建立されたキリスト像は高さ三〇メートル。ドン・セバスティアン・レメ枢機卿とともにヴァルガスはこの落成式を取り仕切った。第一共和政下に疎遠になったカトリック教会との関係が修復され、公立学校に宗教科目が導入された。

「共産党の陰謀計画」

　前期ヴァルガスの統治期に相当する一九三〇年から一九四五年までの一六年間、ヨーロッパは共産主義の台頭、ファシズムの猛威、そして第二次世界大戦の開始と終結という激動の時代を経験するが、ブラジルもヨーロッパの趨勢と無縁ではなかった。一九三二年、ポルトガル・インテグラリズモの影響を受けたプリニオ・サルガード（一八九五〜一九七五）が「ブラジル・インテグラリズモ行動」を結成して、ファシズム運動を展開した。「神・祖国・家族」という保守的なモットーを掲げ、反共主義、ナショナリズムを唱えて保守的な中産階級の間に支持を広げた。これに対抗して、一九三五年三月、左翼勢力はルイス・カルロス・プレステスを中心に共産主義者、社会主義者、自由主義者、テネンテを糾合して人民戦線「民族解放同盟」を結成し、対外債務の支払い停止、農地改革、普通選挙権、初等教育の無料化などを明記した綱領を発表し

◀インテグラリスタの党誌『アナウエー』　アナウエーはトゥピ語起源で党員同志の挨拶ことば。ブラジル図の上に、緑のシャツの制服を着た若者が総和を意味するギリシャ文字のシグマを打ちつける。

▶**プレステスの妻オルガ・ベナリオ**　他の党員とともにプレステスも逮捕され、ユダヤ系ドイツ人の妻オルガ・ベナリオはナチス・ドイツに引き渡され、収容所で死去した。

た。敵対するこの二つの勢力はそれぞれ街頭で広範な示唆運動を展開した。同年七月、民族解放同盟がヴァルガス政権の打倒、人民政府の樹立を訴えるルイス・カルロス・プレステスの声明を発表すると、ヴァルガス政権は、同盟結成直前に制定していた「国家安全保障法」によって同盟を閉鎖に追い込んだ。

　それからわずか四カ月後の一一月二三日から二七日にかけて、地下に潜行していた民族解放同盟がナタル、レシーフェ、リオデジャネイロで武装蜂起した。二七日のリオデジャネイロの蜂起は直接プレステスおよびブラジル共産党の指導のもとに行なわれたが、反乱は政府軍によってただちに鎮圧された。「共産党の陰謀計画」として知られるこの武装蜂起は、国際共産主義組織コミンテルンの指令にもとづくものであったが、その失敗はブラジルの現状を完全に見誤った結果であった。このずさんな蜂起は、ヴァルガスにとって共産党を壊滅する絶好の機会となった。戒厳令がしかれ、共産党、民族解放同盟は徹底的に弾圧された。軍部も民族解放同盟に関わりをもつ将校や下士官を排除し、ヴァルガスとの関係を深めていった。

▶**新国家体制のプロパガンダ**　一九三七年一一月一〇日に始まった新体制のもとで全体のために国民の労働と結束を促す報道宣伝局のポスター。一九四四年。

2 「新国家」体制の成立

一九三七年のクーデター

ヴァルガスの任期は一九三八年までで、憲法上は再選を認められない。次期大統領の選挙運動が始まり、サンパウロのコーヒー農場主で自由主義者のアルマンド・サレス・デ・オリヴェイラ（一八八七〜一九四五）が優位に立っていた。しかしヴァルガスは権力を手放すつもりはなかった。エウリコ・ドゥトラ陸相（一八八三〜一九七四）、ゴイス・モンテイロ将軍ら軍上層部の支持を取りつけると、クーデターによる政権維持を画策した。一九三七年九月三〇日、ラジオ、新聞は共産党が政権転覆を計画しているという文書の発見を報じた。この捏造文書は「コーエン計画」とよばれたが、筆者コーエンというユダヤ人名も世論を納得させるのに役立った。ヴァルガスは「祖国は重大な危機に瀕している」と、共産党の危険性を説き、ただちに「戦争事態令」を布告したのである。一一月一〇日、連邦議会を解散させ、全権を掌握した。すでに準備されていた憲法が発表され、「新国家」体制という名の権威主義体制が確立した。

　インテグラリスタ党はただちに新国家体制を承認し、その見返りを要求した。これまで共産党対策に同党を利用してきたヴァルガスは、共産党を消滅させると、政党活動の禁止令でこの極右政党を切り捨てた。こうして左翼の共産党と右翼のインテグラリスタ党を解体させたヴァルガスは、軍部の支持を後ろ盾に一九四五年まで独裁政治を続けることになる。憲法は国民投票によって承認されるとされたが、国民投票は実施されることはなかった。

一九三七年憲法に規定される新国家体制は、ポーランドやイタリア、ポルトガルのファシズム的な色彩が色濃く、独立以後もっとも中央集権的な体制とみなされている。大統領は州統領の任命権を付与され、州の自治権は大幅に縮小された。政党はすべて廃止され下院議員は直接選挙によって選出されるが、上院に代わる連邦顧問会議は各州から間接選挙で選ばれる議員と大統領が任命する一〇名の議員から構成される。しかしながら、一九三七年以降、ブラジルはつねに戦争事態令下におかれ、議会は一度も開催されることはなかった。

◀**「議事堂貸します」**　国会が閉鎖されたことを皮肉る戯画。アルフレッド・ストルニ『カレッタ』誌。一九三〇年一一月一五日。

コルポラティズモ

すでに述べたように、ヴァルガスは、一九二〇年代から急速に激化した労働運動を社会問題としてとらえ、その解決に取り組んだ。すでに革命直後の一九三〇年一一月、ヴァルガスは労働商工省を創設し、労働者法を定めて、労働問題に積極的に介入しはじめた。都市の労働者を対象に、八時間労働制、有給休暇、一四歳未満の児童の就労禁止などを制定した。これに呼応するかたちで労働者も積極的にヴァルガスの政策を支持した。しかし労働組合は労働商工省の監督下におかれ、組合はストライキを、雇用者はロックアウトを禁止された。イタリア・ファシズ

◀**「貧者の父」ヴァルガス**　一九三九年サルヴァドールを訪れたヴァルガス。

◀**ヴァルガス体制を支持する労働者**　「労働者にも新国家体制に占める位置がある」。一九四〇年。

ムを範にして、職能的利益団体を国家の基盤とするコルポラティズモが導入された。労働組合は産業別に地方レベルから全国レベルに垂直的に組織化され、国家への従属が強化された。その一方で、ヴァルガスは家父長主義、カトリシズムなどの伝統的権威を利用し、みずから「貧者の父」を演じて民衆を取り込もうとした。一九四三年、最終的にヴァルガスの労働法は労働法典に体系化され、それは現在も組合と雇用者の関係を規定する法律として生きている。

このように、ヴァルガスは、一九三〇年革命でコーヒー寡頭支配層から政治権力を奪取し、彼らに対抗するために労働者階級を取り込んで権力の維持に努めたが、ブラジル経済の基盤はあくまでもコーヒーである。世界恐慌によって暴落したコーヒー価格を下支えするために、政府はコーヒーを買い取って焼却するという生産者保護の政策を続けた。一九三〇年代に焼却されたコーヒーは八〇〇〇万袋近くにも達した。同時に、軍部とともにヴァルガス政権を支える工業ブルジョアジーを保護するために工業の多様化を図り、輸入代替工業の育成を最優先課題として取り組んだ。次節で触れるが、ことに基幹産業である製鉄工場の建設は、安全保障の観点から軍部も積極的に支援し、アメリカ合衆国からの援助で成功にこぎつけた。

▲**ヴォルタ・レドンダ製鉄所** 正式名は国立製鉄会社。ヴァルガスの経済ナショナリズムの象徴的存在。1941年4月、パライーバ川中流のヴォルタ・レドンダ（リオデジャネイロ州）に創設され、1946年から操業を開始した。鉄鉱石を産出するコンゴーニャス（ミナスジェライス州）に近いことが立地の決めての1つとなった。1993年民営化されたが、名称はそのまま。ラテンアメリカ有数の製鉄会社。

3 「新国家」体制の終焉

ブラジルの参戦

一九三九年九月、枢軸国と連合国の間で第二次世界大戦が始まり、政府内には枢軸国側に傾斜する気運が高まったが、ヴァルガスは中立を維持した。ブラジルにとってドイツと合衆国はともに重要な貿易相手国だったからである。しかし一九四一年の参戦以前から合衆国は、ブラジル北東部の戦略的重要性に着目してブラジルを連合国側に引き込もうと、一九四〇年、かねてからヴァルガスが望んでいた製鉄所建設のために二〇〇〇万ドルという巨額な融資を決めた。それはブラジル初の国営製鉄所、ヴォルタ・レドンダ製鉄所として実現した。こうして、翌

▲**「民衆に仕える独裁者」** 1943年1月、アメリカ合衆国大統領フランクリン・ローズヴェルト（左）がブラジルを訪問、ヴァルガス（中央）と会談し、米軍のためにナタールの基地建設を認めさせた。ローズヴェルトはヴァルガスを評して「民衆に仕える独裁者」とよんだ。

一九四二年一月、ついにヴァルガスは枢軸国と断交したが、世論は反ファシズムの立場から連合国側への参戦を促していた。同年八月、ドイツの潜水艦がブラジルの船舶を攻撃するにいたって、ヴァルガスはついに枢軸国に宣戦を布告したが、実際にイタリアの戦線に義勇兵が派遣されるのは一九四四年六月のことであった。

この間、サンパウロやリオデジャネイロでは民主化を求める市民集会が開かれ、学生運動が広がった。一九四三年にはこれまでヴァルガス体制を支えていた軍人、農場主らによる反ファシズム、民主化運動が激しくなった。国内では言論の自由を封じて独裁体制をしきながら、その一方で反ファシズム戦争に軍隊を派遣するヴァルガスの矛盾は明らかで、一九四五年二月、追い詰められたヴァルガスは、一二月の大統領選挙実施を認めざるをえなくなった。この動きに乗じて、右翼・中道の寡頭支配層とリベラルな上流知識人階層を中心とする反ヴァルガス勢力は、「全国民主同盟」を結成し、「コパカバーナ要塞の反乱」の英雄エドゥアルド・ゴメス将軍（一八九六〜一九八一）を大統領候補者に選出した。これに対抗するヴァルガス支持者側は、州統領を含め新国家体制の権力の中枢を占める勢力は社会民主党を創り、ヴァルガスの政策で恩恵を被った労働商工省・組合関係者はブラジル労働党に結集するという分裂状態を引き起こした。社会民主党はヴァルガス政権を支えてきた陸相エウリコ・ドゥトラを候補者としたが、ブラジル労働党は候補者を選出できず、ヴァルガスも候補者に指名されなかった。

▲三様のヴァルガス　1937年：総統ジェトゥリオ・フォン・ヴァルガス、1941年：市民ジェトゥリオ・デラノ・ヴァルガス、1945年：同志ジェトゥリオ・ヴァルガヴィチ。ヴァルガスの思想的変遷を戯画化しているが、実際に彼はドイツ型のファシストではなかったし、アメリカ流の民主主義者だったわけでもなく、ましてソ連型の共産主義者でもなかった。あえて言えば、機を見るに敏なプラグマティストである。出所：*Enciclopédia Ilustrada do Brasil*, vol.Ⅱ, p.615.

▼イタリア戦線に参戦した将校たち

ヴァルガスの退陣

このように、選挙が「上からの民主化」を進める支配層間で進められることに不満を抱いた民衆、ことに大都市の労働者層はヴァルガスの再選を望む、いわゆるケレミズモ運動を展開した。それまでヴァルガス政権を敵視していた共産党も運動に賛同した。ヴァルガスがみずからは候補者ではないと否定しながらケレミズモ運動を容認するような姿勢にカトリック教会を含む右翼勢力から警戒の目が向けられていた。一九三七年のクーデターの再現をおそれたのである。また隣国アルゼンチンで民衆の支持を得たペロンの動向も彼らの不安を掻き立てた。全国民主同盟は陸相ゴイス・モンテイロをとおして海軍・空軍の支持を固めることができた。

一九四五年一〇月二五日、ヴァルガスは迂闊にも選挙を前にして連邦区警察長官に実弟のベンジャミン・ヴァルガス（一八九七～一九七三）を任命するという失策を犯してしまった。陸軍の戦車隊はただちに大統領官邸のカテテ宮殿に向かった。ヴァルガスは抵抗することなく故郷のサンボルジャ（リオグランデドスル州）に退いた。一九三七年にはヴァルガスは軍部を味方につけて引き続き大統領に就任したが、今回は労働者大衆の支持を得たものの軍部を敵に回して失脚したことになる。

一九四五年一二月に行なわれた選挙で、最終的にヴァルガスも支持を表明したエウリコ・ドゥトラ将軍が当選した。同時に行なわれた両院議会選挙で、下野していたヴァルガスもリオグランデドスル州の上院議員に選出され、再起を期すことになる。

◀**政党の濫立**　『カレッタ』誌。1946年。

▼**ケレミズモ運動「ヴァルガスの再選を」**　リオデジャネイロのケレミズモ集会。ケレモス、つまり「われわれは（ヴァルガスを）望む」。1945年。

土地なし農民運動　草の根農地改革

　一六世紀の土地分譲制セズマリア以来、ブラジルの土地所有形態は伝統的に大土地所有制が支配的である。コーヒー産業が隆盛を極めた第二帝政下で施行された「土地法」（一八五〇年）は、その構造を一段と強化する結果となった。少数の人が大半の土地を所有するというその極端な不平等さゆえに、久しく農地改革はブラジルの近代化に不可欠な改革として論じられてきたが、歴代の政権は有効な施策を講じることはできなかった。それを強行しようとしたゴラール政権は軍事クーデターをまねき、ポピュリズム体制が崩壊したのは半世紀前のことである。

　この二〇年間を見ても、その土地所有形態にはほとんど変化はみられない。一〇〇〇ヘクタール以上という広大な農地を所有する地主ラティフンディオは、数のうえでわずか一パーセントであるが、所有する農地面積はブラジル全体の四三パーセントにおよぶ。その一方で、一〇ヘクタール以下の土地を持つ農民ミニフンディオは営農家全体の四七パーセントを占めながら、所有する面積は全体の二・七パーセントにすぎない。

　このような極端に不平等な土地所有形態に対して、民衆の側から異議申し立てしたのは、一九五〇年代に小作農たちが組織した「農民同盟」運動であるが、共産党の指導する農業労働者の組織と対立によって弱体化していった。その後、一九八〇年代にいたって、軍事政権の「政治開放」下に、あらたに草の根的な農地改革運動、「土地なし農民運動」ＭＳＴが始まった。一九八四年、「解放の神学」というマルクス主義の影響を受けた神父たちの組織する「土地司牧委員会」の支援で、土地を持たない農民たちがパラナ州の遊休農地を占拠し、裁判で勝訴したのである。一九八七年、国は地主からその土地を強制的に買い上げ、農民にその土地の借地権が認められることとなった。以後、この草の根的な農地改革運動は各地に広がっていく。

　彼らは、遊休農地の占拠の合法性を「所有権の社会的機能」という憲法一八六条に求める。遊休農地は生産という社会的機能を果たしていないという解釈である。しかし彼らは、社会主義的な共有の理念にもとづいて、土地の占拠は所有ではなく占有であると規定し、遊休土地の占有にとどまらず、反自由主義経済を掲げ、教育、医療などで協同主義的運動を展開している。この運動はいまや全国二三州に広がり、すでに三七万家族が農地を獲得し、現在も一三万家族が占拠した野営地に生活しながら裁判の結果を待っている。さらにＭＳＴは国内だけにとどまらず、ボリビアなど周辺諸国にまで広がっている。またＭＳＴが占拠した土地が人口の増加と購買力の拡大で地域の活性化につながる事例も多くなっている。

　労働党政権はＭＳＴの支持母体の一つであるが、現ルセフ政権は、ブラジルの主要な輸出品としてブラジル経済を支えている大豆やエタノール、食肉を生産するアグリビジネスにも配慮せざるをえない。皮肉な見方をすれば、ＭＳＴがルセフ政権に代わって農地改革を推進しているとも言える。

▼土地なし農民運動第5回大会　「われわれは農地改革を阻止する三権を糾弾する」ブラジリア、2007年。
出所：Wilson Dias/ABr-Agencia Brasil.

第九章 ポピュリズムの時代

1 ヴァルガスの復活

ドゥトラ大統領

一九四六年一月、エウリコ・ドゥトラ大統領のもとで憲法制定議会が開催された。上下両院で社会民主党は第一党となり、全国民主同盟は野党に回った。同年九月、新憲法が公布された。第二次世界大戦後の民主主義の潮流を受けて、結社の自由、信教の自由など基本的人権が保障され、女性を含めた一八歳以上の識字者に参政権が付与された。ストライキ権も認められた。しかしながら、まもなく冷戦という米・ソ二大陣営による対立が顕在化し、右傾化したドゥトラ政権は共産党を非合法化し、労働運動も厳しく規制するようになった。

大戦中、ブラジルは輸出貿易の拡大で七億ドルの外貨を蓄積することができた。しかしドゥトラはヴァルガスが推進してきた工業保護政策から為替を自由化するなど経済自由主義政策に転換した。その結果、国内工業は外国製品との競争にさらされ、多くの工場が倒産したばかりでなく、贅沢品の輸入で外貨の枯渇をまねく結果ともなった。ドゥトラ政権は政策の変更をよぎなくされ、ふたたび統制経済に戻った。その一方で、ストライキ権が認められたことで再燃した労働運動を封じ込め、物価騰貴を容認した。

ヴァルガスの再選

一九五〇年一〇月の次期大統領選挙では、ブラジル労働党から立候補したヴァルガスは、ポピュリストのサンパウロ州知事アデマール・デ・バロス（一九〇一～六九）の支持を獲得したが、同じヴァルガスの流れを汲む社会民主党は別の候補者クリスティアーノ・マシャード（一八九三～一九五三）を立てた。他方、保守的な富裕階層を基盤とする全国民主同盟はふたたびエドゥアルド・ゴメスを候補者に選出した。選挙の結果、ヴァルガスが四八・七パーセントを獲得して当選した。

一九五一年一月、ヴァルガスはふたたび大統領に就任するが、ケレミズモ運動にみられたヴァルガス体制のポピュリズム的性格は、今回の再選ではっきりとその輪郭を現した。ヴァルガスの支持基盤

◀ヴァルガスの選挙運動 「貧者の父」政界に復帰。一九五〇年。

は都市の労働者と新興の工業ブルジョアジーである。ヴァルガスはこの二つの勢力を味方にすることで伝統的な大地主階層と商業ブルジョアジーに対抗することができる。そのためヴァルガスはふたたび工業化政策を最優先し、それによって経済の発展と雇用の拡大をめざしたのである。

「石油はわれわれのもの」

軍部も安全保障の観点から武器や軍需物資の国内生産を重視し、ヴァルガスの政策に賛同した。経済開発に要する資本の調達でもっとも議論をよんだのは石油開発の問題であった。ヴァルガスは、一九三九年にバイーアで発見された油田の開発に着手し、石油公社ペトロブラスの創設案を国会に提出した。その資本の一〇パーセントを外国資本に委ねるとした。

FOLHA DA MANHÃ

"ELEITO A 3 DE OUTUBRO COMO O CANDIDATO DO POVO
ASPIRO E ESPERO GOVERNAR COMO O PRESIDENTE DO POVO"

O NOVO MINISTÉRIO

PRESTAM JURAMENTO PERANTE O CONGRESSO OS SRS. GETULIO VARGAS E CAFÉ FILHO

これに対して急進的な民族主義者たちから「石油はわれわれのもの」とヴァルガスのプロジェクトに反対し、全国民主同盟もこれに賛同した。四年間という長い議論ののち、ペトロブラスは完全に民族資本による石油公団として発足した。しかしながら、スタンダードオイル、シェルなどの国際資本は流通部門を保持することで大きな利益を確保することができた。

その一方で、国内工業の保護優先政策が引き起こした物価の高騰は労働者階級を直撃した。

ヴァルガスは、労働組合とつながりの深いジョアン・ゴラール（一九一九〜七六）を労相にすえて賃金の引き上げを図ったが、工業家たちの激しい反発をまねいた。ヴァルガスはゴラールを罷免する一方で、一〇〇パーセントの賃上げを認可した。その結果、ヴァルガスは工業ブルジョアジーを敵に回すこととなり、マスコミからも厳しい批判を浴びた。軍部でもクーデターの動きがみられた。政治危機は一気に高まった。

ヴァルガス批判の急先鋒は、彼の政敵

▶**「石油はわれわれのもの」**　エントレギスタ（利権を外国に「引き渡す者たち」、いわゆる買弁派）に対して、作家モンテイロ・ロバートらが民族主義者の先頭に立って「石油はわれわれのもの」キャンペーンを展開した。

▲**「民衆の大統領として」**　ヴァルガスは就任演説でも民衆の味方を強調した。『フォリャ・ダ・マニャン』紙。一九五一年二月一日。

▼**ペトロブラス本社**　ブラジル石油会社。現在は半官半民の企業で、石油の採掘、生産、精製事業を展開する南米最大の企業に成長した。著者撮影。

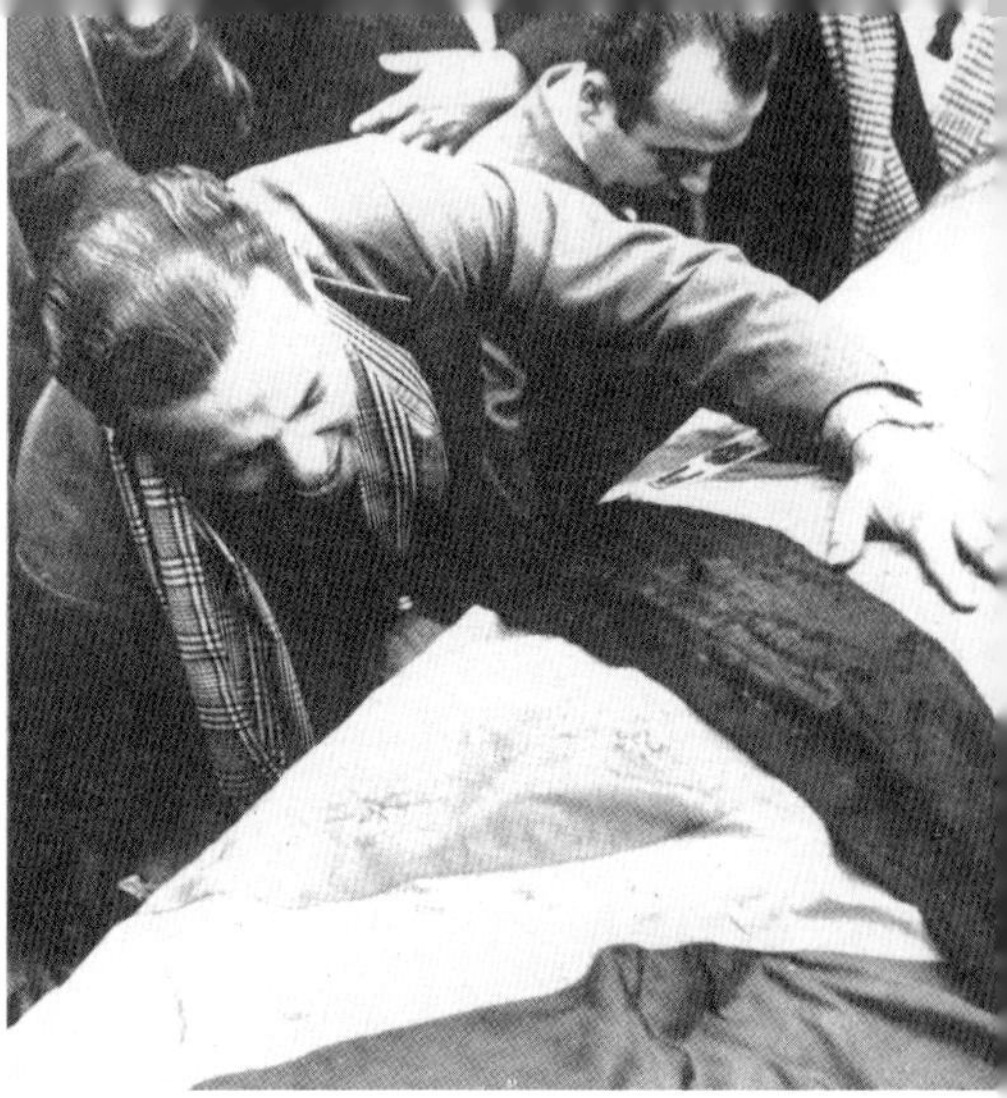

▶**ヴァルガスの死**　「ジェトゥリオ先生、またお会いしましょう。見事な最期でしたね。さあ、ブラジル国民の敬愛を受けとめて」

でジャーナリストのカルロス・ラセルダ（一九一四〜七七）であった。一九五四年八月、彼を護衛していた空軍将校がヴァルガスの側近によって殺害されるという事件が起きた。この事件はヴァルガスの関知しないことで、側近の行き過ぎた忠誠心のなせる業であったが、この事件によって大統領の辞任を求める世論が一気に高まった。軍上層部も辞任を要求する声明を発表した。追い詰められたヴァルガスは、一九五四年八月二四日、官邸のカテテ宮殿で銃弾でみずから命を絶った。

　ヴァルガス自殺の報に激昂した民衆は大都市で反ヴァルガスの新聞社やアメリカ大使館を襲撃し、街頭で抗議運動を展開した。そのため陰で準備が進められていたクーデターは中止され、憲法上の規定に従って副大統領のカフェ・フィリョ（一八九九〜一九七〇）が大統領に昇格した。

2 「五〇年の発展を五年で」

クビシェッキ政権

　一九五五年一〇月に行なわれた選挙では、社会民主党から立候補したジュセリーノ・クビシェッキ・デ・オリヴェイラ（一九〇二〜七六）がブラジル労働党の支持を得て、全国民主同盟の推すジュアレス・タヴォラ将軍（一八九八〜一九七五）を破り当選した。副大統領にはヴァルガス政権の労相ジョアン・ゴラールが選出された。二人はヴァルガスの進めたポピュリズム政策の継承者である。彼らの当選に危機感を抱いたカルロス・ラセルダらの保守層は再度クーデターを企てようとしたが、エンリケ・ロト将軍（一八九四〜一九八四）によって阻止された。

　翌一九五六年、大統領に就任したクビシェッキは、野党とも協調的な姿勢をとり、軍部に対しては軍備の増強を認めたり戦略的な部門の経営を軍人に委ねるなどその支持を取りつけて政権の安定を図ると、五年間の任期中に五〇年の発展を実現するという野心的なメタス計画を発表した。経済的民族主義者に配慮して石油・鋼鉄・エネルギー・交通運輸などを国家の統制下においたうえで、家電製品・自動車産業、国道建設、水力発電などの発展のために積極的に外資導入を図った。これによってクビシェッキは工業ブルジョアジーからも信頼を得た。彼の在任期

▶**ジュセリーノ・クビシェッキ**　ミナスジェライス州出身。母親の先祖がロマ系チェコ人で、母子家庭に育ったことから母方の姓を採りジュセリーノ・クビシェッキ、JKが通称となった。医者から政界に転じて上院議員となる。さらにミナスジェライス州知事として同州の工業化に成功し、その実績を背景に大統領選挙に立候補した。

▲内陸の新首都ブラジリア　著者撮影。

間の一九五六年から一九六一年の間にブラジル経済は目覚ましい成長を遂げた。しかし、この間、農業はまったく顧みられることはなかった。

　このメタス計画の最大のプロジェクトは、首都ブラジリアの建設である。一六世紀の入植以来、ブラジルの開発は、一八世紀の金鉱開発を除けば沿岸部に限られていた。リオデジャネイロから北西約九三五キロにある中央高原への首都移転は、内陸部への進出、開発をめざす壮大な構想である。設計は都市計画者のルシオ・コスタ（一九〇二〜九八）と建築家オスカー・ニーマイヤー（一九〇七〜二〇一二）に委ねられた。一九六〇年四月、車社会を想定し機能性を重視した未来都市が完成した。しかしながら、新首都建設に要する膨大な費用は紙幣の増刷と外資で賄われ、性急な開発は大幅の財政赤字と激しいインフレーションを惹起した。クビシェッキの任期終了時には外国からの負債は二三億ドル以上に達し、インフレーションは年率三五パーセント近く上昇した。そのつけは次期政権に回されることになる。

ジャニオ・クアドロス政権

　一九六〇年一〇月の大統領選挙には、ともにヴァルガスの遺志を継ぐ社会民主党とブラジル労働党は連携してエンリケ・ロット将軍を立てたが、全国民主同盟の支援を受けたサンパウロ州知事のジャニオ・クアドロス（一九一七〜九二）が勝利を収めた。ジャニオ・クアドロスは、選挙中、箒をシンボルにして政治腐敗の一掃、綱紀粛正を訴えて開発主義の犠牲となった民衆の不満を巧みにみずからの支持に転化することに成功した。副大統領にはまたもジョアン・ゴラールが当選した。

　ジャニオ・クアドロスは、厳しいインフレ抑制政策が経済不況をまねいて苦境に陥っていたが、外交面で共産主義諸国との関係を強化しようとしたことが政権の命取りとなった。一九五九年に成功したキューバ革命と共産党政権の樹立に危機感を抱いたアメリカ合衆国のケネディ大統領は、ラテンアメリカにおける共産主義の広がりを阻止するために、一九六一年八月、ウルグアイのプンタデルエステで「進歩のための同盟」を立ち上げた。当然のことながら、キューバ代表を率いるチェ・ゲバラ（一九二八〜六七）はその憲章に調印しなかったが、帰路ブラジリアに立ち寄ったゲバラに対してジャニオ・クアドロスはブラジル最高位の南十字星勲章を授与したのである。

　かねてからジャニオの政治手法に不満を抱いていた全国民主同盟は、これを機に批判を強めた。カルロス・ラセルダがテレビでジャニオのクーデター計画なるものを暴露した翌朝の八月二五日、突如ジャニオは辞任を表明した。憲法に従えば、ジョアン・ゴラール副大統領が昇格することになる。ジャニオは、反共主義に凝り固まった陸海空の大臣たちがポピュリストのゴラールの昇格を認めるはずがなく、周囲から慰留されると計算し、受諾の条件に権限の強化をもくろんだとされている。しかしながら、政治的支持基盤のない彼の辞任はそのまま議会で認められた。

▲ジャニオ・クアドロス　サンパウロ州知事選挙では「百万長者に挑む一文無し」とポピュリスト的なスローガンで汚職追放を唱えて圧倒的な支持を得、その余勢を駆って大統領に当選した。しかし、闘鶏や海辺でのビキニ着用の禁止などおよそ一国の大統領にふさわしくない問題に首を突っ込み国民の期待を裏切った。その一方で、ブラジル最初の黒人大使を任命したり、インディオ居留地シング国立公園を創設するなど先進的な取り組みも行なっている。

　後任問題をめぐって、ゴラールの昇格を認めない強硬派と憲法上の規定に従って昇格は当然であるとする護憲派が対立し、国を二分する危機的な状況も生まれたが、結局、議院内閣制を採用するという妥協策で決着をみた。これによって、ヴァルガス政権の法相タンクレード・ネヴェス（一九一〇～八五）が首相となって組閣し、大統領の権限は縮小された。

3 ポピュリズムの試練

基盤改革

　一九六一年九月、ジョアン・ゴラールは、三四・七パーセントのインフレと国際収支の大幅赤字という経済危機のなかで権力をそがれた大統領として就任した。新政権は、改革派左派のセルソ・フルタード（一九二〇～二〇〇四）を企画相に任命して、経済成長を維持しつつ同時に物価上昇の抑制をめざすという民族主義的色彩の強い「経済・社会開発三カ年計画」を発表した。この計画には農業、教育などの「基盤改革」が含まれている。計画はヴァルガス体制を支えてきた労働者と工業ブルジョアジーを同時に満足させるものとして構想されたが、クビシェッキの開発主義以降、工業ブルジョアジーは外国資本との連携を強め、反帝国主義的な改革には批判的になっていた。またこの時期、ヴァルガス、クビシェッキの政策において完全に無視されてきた農民が農地改革を求めて農民運動を展開し、一九六二年には「農業労働者憲章」を成立させるまでに成長した。

　一九六三年、国民投票によって議院内閣制からもとの大統領制に復帰したが、ブラジル労働党を中心とする民族主義的改革派と全国民主同盟の保守系集団との対立が先鋭化し、ポピュリズム体制は危

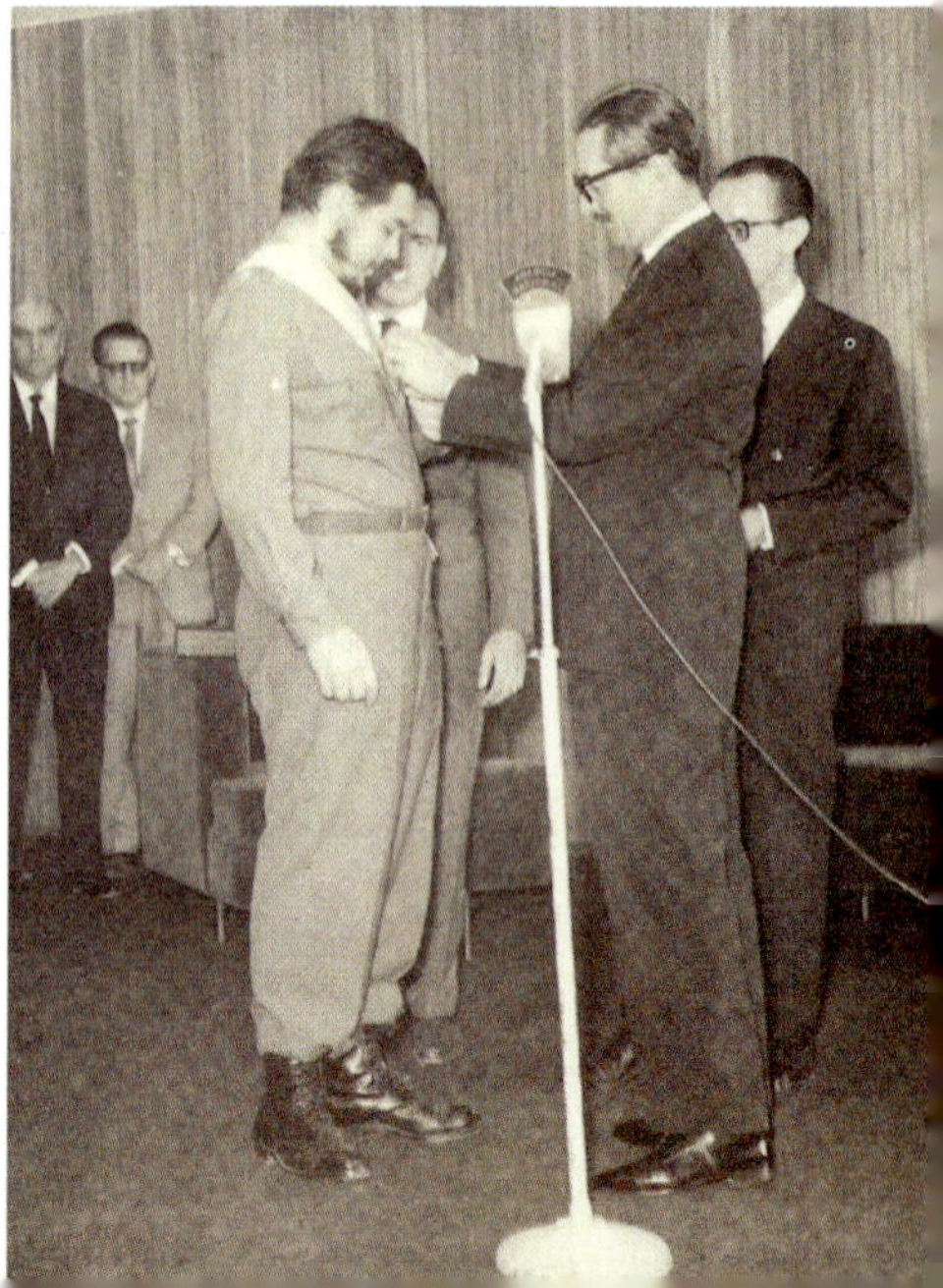

▶チェ・ゲバラに叙勲するジャニオ・クアドロス

機に瀕していた。

軍事クーデター

ブルジョアジーの支持を失ったゴラール政権は左傾化を強め、一九六四年三月、リオデジャネイロの集会で動員された三〇万人の支持者の前で石油精製所の国有化および鉄道・国道沿線の接収を宣言し、さらに農地改革実施に向けて一歩踏み出した。これに反対して、保守勢力はただちにブラジルの主要都市で「自由を求めて神とともに歩む家族の行進」の名のもとに反政府デモを展開した。サンパウロでは五〇万の人びとが参加した。こうして、ブラジル社会は左右に二極分解した。

ここにいたって、ゴラール政権の左傾化に危機感を抱いていた軍部が動き出した。陸軍参謀長のカステロ・ブランコ将軍の指令のもとに、一九六三年三月三一日、ミナスジェライスの陸軍部隊がリオデジャネイロに向かって進軍すると、リオデジャネイロ、サンパウロの州知事たちは軍事行動に賛同した。政府側からの反撃はまったくみられず、ゴラールは支持者のレオネル・ブリゾラ（一九二二～二〇〇四）を頼ってリオグランデドスル州に逃亡した。四月一日、大統領は不在とみなされて、権力を掌握した軍事評議会のもとに下院議長ラニエリ・マジーリ（一九一〇～七五）が大統領に就任した。労働者側からの抵抗もなく、一九四五年から続いたポピュリズム体制はあっけなく崩壊した。

▲ゴラールを迎えるレシーフェの労働者　1962年7月、ゴラールはレシーフェの集会に参加した。

▼「勝利の行進」　家族の守護聖人サン・ジョゼ（聖ヨセフ）の日の3月19日、サンパウロではカトリック教会を含む保守勢力はデモ行進を実施し、リオデジャネイロでは100万人を動員した。軍部はこの運動をクーデターの同意とみなした。

第一〇章　軍事独裁と開発主義

1　将軍たちの権威主義体制

カステロ・ブランコ政権

前章で見たように、一九五九年のキューバ革命と共産党政権の成立に危機感を抱いたアメリカ合衆国は「進歩のため同盟」を創設し、ラテンアメリカにおける共産主義の浸透を阻止しようとした。その結果、次々に反共的な軍事独裁政権が誕生する。その先鞭をつけたのがブラジルであった。

一九六四年四月一五日、軍事評議会の布告した軍政令第一号にもとづいて、国会はウンベルト・デ・アレンカール・カステロ・ブランコ将軍（一九〇〇〜六七）を大統領に選出した。これまでの軍部による政治関与の伝統から、秩序の回復とともに軍部は政治の世界から退くものとみられていた。しかし、おおかたの予想に反して、軍事政権は二一年という長期にわたって存続することになる。

この軍事政権は、冷戦下に浸透する共産主義に対抗するためには、国家の強力な主導のもとに経済開発を進めて国力の増強を図り、国家の安全保障を確保しなければならないという使命感を抱いていた。しかし、その内部は、比較的リベラルな穏健派と、いわゆる強硬派に分かれており、カステロ・ブランコ新大統領は穏健派に属していた。

カステロ・ブランコ大統領は就任と同時に、ゴラール、ルイス・プレステスをはじめ共産主義者、ヴァルガス主義者、労働組合運動家、代議士ら四〇〇人以上の「破壊活動分子」の政治的権利を剥奪した。一九六五年の知事選挙で、グアナバラ、ミナスジェライスなど七州で反体制派が当選し、軍事政権に対する反発が強いことが明らかになった。危機感を抱いた政府は、軍政令第二号を発令して既存の政党を解散させたうえで、あらたに政党を与党の国家革新同盟と公認野党のブラジル民主

◀カステロ・ブランコ（左）　セアラ州出身の軍人政治家。作家ジョゼ・デ・アレンカールの一族。フランスの高等軍事学校に学んだ、いわゆるソルボンヌ派に属する知性派。ゴラール政権下で参謀総長の任にあった。

運動に限定した。さらに大統領の選出を国会議員の選挙人委員会による間接選挙に改めて国民の政治参加を制限した。この間接選挙によって行なわれた一九六六年一〇月の大統領選挙で国家革新同盟の推すアルトゥール・コスタ・エ・シルヴァ（一九〇二〜六九）が選出された。

一九六七年一月に公布された新憲法は、行政府に大幅の立法権を認め、国家安全保障と国家財政の問題を行政府の専権事項と定めた。国会は有名無実の存在となったが、軍事政権は正統性にこだわり最後まで国会を廃止することはなかった。その一方で、ポピュリスト政権がもたらした壊滅的な経済・財政状況を乗り切るために、カステロ・ブランコ政権は「経済行動計画」を立案した。同計画は、輸出産業を拡大するために、前体制の政策とは一転して積極的に外資の導入を図った。

◀コスタ・エ・シルヴァ　将軍を多く輩出するリオグランデ・ドスル州出身。カステロ・ブランコ政権で陸相を務め、強硬派をリードした。

軍政令第五号

このような軍部の恣意的な圧政に反発して、自由を求める学生のみならず賃金を抑制された労働者が激しい抗議運動を展開した。この激しい反体制運動に危機感を抱いた軍事政権は一段と権威主義的傾向を強め、これに対抗して抗議運動もますます先鋭化した。リオデジャネイロでは学生、知識人、芸術家、神父たちが開催した民主化を求める集会に一〇万人の人びとが参加した。サンパウロとミナスジェライスでは労働者による大規模なストライキが決行された。カルロス・マリゲーラ（一九一一〜六九）らの過激派集団は都市ゲリラ活動を展開し、銀行強盗、企業家や外国人の人質誘拐事件が頻発した。

◀学生エドソン・ルイスの虐殺抗議集会　一九六八年六月、大学生エドソン・ルイスが大学構内で憲兵隊に銃殺された事件を機にリオデジャネイロで軍事政権に抗議する一〇万人の集会が開かれた。

しかし過激化した抗議運動は、一九六八年一二月の軍政令第五号布告の口実となった。この政令は、大統領に強大な権限を付与し、市民の人身保護令を停止することができた。国家安全保障を名目に設立された情報機関は再編強化され、政府に反対する「危険人物」は令状なしに逮捕され、拘留され、拷問を受けた。マスコミに対する検閲も強化され、体制に不都合な報道は全面的に禁止された。国民は手足を縛られ、さるぐつわをかま

▶カエターノ・ヴェローゾ（右）　一九六八年九月、ブラジル・ポピュラー音楽祭で軍事体制を批判する曲「禁止することを禁止せよ」を発表し、翌年国外に追放された。

されて、息苦しい「鉛の時代」に息をひそめて暮さねばならなかった。この軍令布告によって、のちの大統領エンリケ・カルドーゾ（一九三一〜）は公職追放でサンパウロ大学を追われ、カエターノ・ヴェローゾ（一九四二〜）など多くの歌手や芸術家が亡命した。

一九六九年一〇月、コスタ・エ・シルヴァが脳溢血で退任し、後任にエミリオ・ガラスタズ・メディシ将軍（一九〇五〜八五）が就任した。メディシ将軍は、国会で承認されたという手続きをとり、合法性にこだわった。その後の二人の軍人も与党の国家革新同盟の候補者として大統領選挙人団によって選出されるという形式を採り、あくまでも大統領就任の合法性を装った。軍部は国政のなかで制度化された政党の様相を呈するにいたった。

▶過激派狩りのポスター

▶検閲された新聞　「マリア、切り抜いたのはお前か？　それとももう検閲が始まったのか？」『コレイオ・ダ・マニャン』紙。一九九六年一〇月一七日号。

2 「ブラジルの奇跡」

開発主義

コスタ・エ・シルヴァとメディシの統治した一九六七年から七四年までの七年間は、軍事独裁体制下で弾圧機関が猛威を振るった政治的暗黒時代であったが、経済的には「ブラジルの奇跡」と言われるほどの好況を呈し、外国の企業が競って進出した時期でもあった。

軍事政権は、国家安全保障とともに経済開発を最優先課題と位置づけ、技術官僚のデルフィン・ネットを登用して次々と大胆な経済政策を打ち出した。前カステロ・ブランコ政権の「経済行動計画」に続く「第一次国家開発計画」にもとづいて市場開放政策を採り、輸出産業の強化、多様化を図った。賃金の抑制、利潤送金の自由化などの優遇措置が誘因となって欧米や日本の多国籍企業が自動車・電機・製薬・化学など高度な技術を要する分野に進出した。その結果、一九六四年まで輸出総額の五七パーセントを占めていたブラジルの代表的な輸出商品コーヒーは、一九七一年には三七パーセントにまで低下した。また国内消費市場拡大のために、中産階層向けに自動車や家電製品の生産、急速な都市化で需要の増大した住宅の建設を全面的に支援した。全国的に普及したテレビは消費熱を煽り、都市にはショッピングセンターが次々と誕生した。

経済の三脚構造

軍事政権は、民間企業を支援するだけでなく、みずからも国営企業を設立して巨大なプロジェクトを次々と実行に移した。既存の石油公社ペトロブラスや電源開発会社エレトロブラスにくわえて、アマゾン横断道路、世界最大級のイタイプー水力発電所の建設、カラジャス鉄鉱山の開発、資本と技術面で日本が全面的に協力した内陸乾燥地域セラードの土壌改良が進められた。さらに、一九七三年に起きた石油危機に対処するために、国家主導のもとで海上油田の開発を推進し、ガソリンに代わるサトウキビを利用したバイオエタノールの生産を奨励した。

軍事政権は、伝統的なコーヒー、サトウキビのほかにオレンジ、大豆、食肉などの農産物の輸出を奨励し、ブラジル経済の近代化を妨げているとみなされてきた大土地所有制問題を農地改革ではなく農産物の多様化、大規模生産によって解決しようとした。

こうした積極的な経済政策が功を奏して、一九六八年から一九七三年までの国内総生産は、年平均一一パーセントという高い成長率を記録した。ポピュリスト政権末期に九〇パーセントに達したインフレ率も通貨価値修正インデクセーションという、物価指数にもとづく賃金・利息・年金などの物価スライド制によって二〇パーセント前後に抑えることに成功した。こうして、ブラジルは「ブラジルの奇跡」とよばれる好況に沸きかえった。「大国ブラジル」「眠れる巨人の目覚め」といった言葉がもてはやされ、一九七〇年にブラジル代表チームがサッカーのワールドカップで優勝したこともブラジル

◀**自動車生産** サンパウロのフォルクスワーゲン工場。一九七五年。

◀**ショッピングセンターの出現** 車の普及とスーパーマーケット、ショッピングセンターの出現は市民の生活スタイルを一変させたばかりでなく、周辺の都市の拡大で大都市圏が誕生した。

◀**イタイプー水力発電所** ブラジルとパラグアイの国境を流れるパラナ川に建設され、両国の共同管理下にある。一九八四年に発電が開始され、ブラジルの電力消費量の二五パーセントを賄っている。中国の三峡ダムが建造されるまでは世界一の規模を誇っていた。著者撮影。

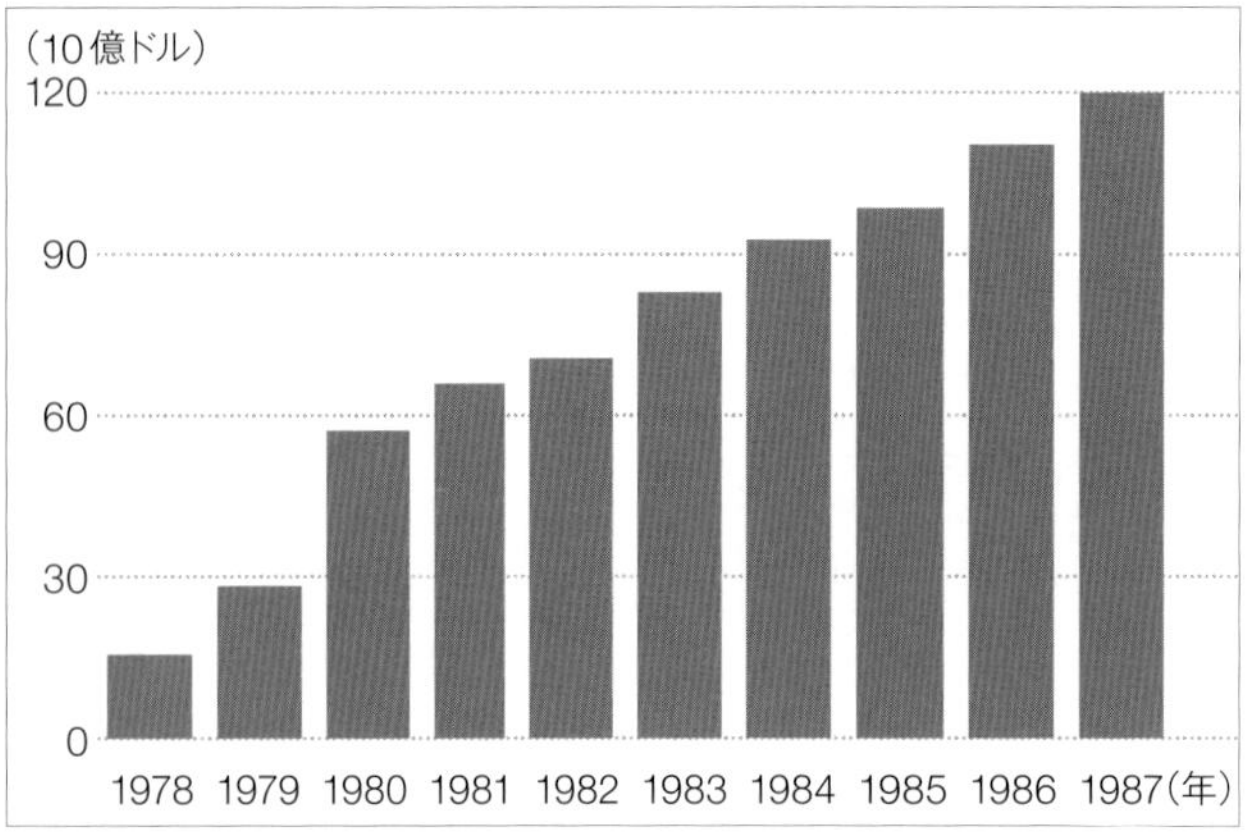

▲外国からの借款の増加　1978～1987年
出所：Sonia L. do Carmo, *Historia* 8ª. p.213.

のナショナリズムをいやがうえにも高める結果となった。

　この時期の外資系企業の進出と国営企業の大型投資によってブラジルの産業構造は大きく変化した。繊維・食品産業など伝統的かつ労働集約型の産業を担う民族系企業、国家戦略的な観点から巨大プロジェクトを推進する国営系企業、そして多くの資本と高度の技術を要する技術集約型の外資系企業という三本の脚によって支えられるにいたったのである。しかしながら、しだいに民族系企業は縮小傾向をみせ、規模を拡大した国営系企業は外国からの融資と借款に依存していた。軍部と企業家は同盟関係で結ばれ、経済成長の恩恵を受けた中産階級がそれを支えた。

3 民主化への歩み

「政治開放」アベルトゥーラ……

　世界経済に大きな混乱をもたらす石油危機が起こった一九七三年一〇月から五カ月たった一九七四年三月、穏健派のエルネスト・ガイゼル将軍（一九〇七～九六）が軍政第四代の大統領に就任した。新大統領は「ゆっくりと段階的ながら着実に」政治開放アベルトゥーラを進める意向を明らかにした。抑圧機関と化した軍部の統治下に無力感にとらわれていた市民にとって、軍事政権みずから明示した変革のメッセージは大きな驚きであった。しかし国民が期待する民主化は、強硬派の抵抗に行きつ戻りつしながら一一年という長い道程をたどらねばならなかった。

　大統領就任八カ月後に実施された両院議員選挙では、テレビによる選挙運動が認められたこともあって野党のブラジル民主運動が大都市で与党の国家革新同盟を抑えて躍進した。ところが、ガイゼルの進める「緊張緩和」に逆らうかのように、一九七五年一〇月、共産党との関わりを疑われたジャーナリストが獄中死するという事件が起こった。公式発表では

▶ワールドカップ優勝　一九七〇年、メキシコで開催されたサッカー・ワールドカップの決勝戦で、ペレ、ジェルソン、カルロス・アルベルトら錚々たるメンバーを揃えたブラジルはイタリアを破り3度目の優勝を果たした。試合はテレビで生中継で放送され、国民を興奮の渦に巻き込んだ。

(%)

	1968年	1973年
国営系企業	27.00	32.01
外資系企業	36.04	41.05
民族系企業	36.05	26.04

▲ブラジル経済の三脚構造　1968～1973年
出所：金七紀男　『ブラジル史』p.220.

◀エルネスト・ガイゼル　リオグランデドスル州出身。軍人政治家。ドイツ系移民2世。軍事政権内部の穏健派に属し、カステロ・ブランコ大統領の軍事官房長官を務めた。

死因は自殺とされたが、拷問死であることは明らかであった。弾圧機関は依然として強硬派の手に握られていたのである。翌一九七六年一月にも同様の拷問死が明らかになると、かねてから行方不明者問題を追及していたカトリック教会と弁護士会が立ち上がり、陰で政権内部の穏健派との連携が始まった。

しかしガイゼルはそのまま反体制側に譲歩していったわけではない。政治開放の目的はあくまでも軍事政権の維持・存続だったからである。同年の地方選挙では前回認められたテレビ・ラジオによる選挙運動は禁止された。上院議会で与党が過半数を獲得できるように選挙人団による間接選挙制も一部採り入れられた。それでも、一九七八年一〇月、大統領の任期満了まで五カ月を前にして、ガイゼルはついに悪名高い軍政令第五号を廃棄し、開放への取り組みが揺るぎないことを示した。一九七九年三月、ガイゼルの指名で軍政最後の大統領に就任したジョアン・バティスタ・フィゲイレード（一九一八～九九）は、「ブラジルを民主主義国家にする」ことを責務とし、同年八月に政治犯に対する恩赦令を発令した。亡命をよぎなくされていた人びとが続々と帰国した。既存の政党にくわえて新党の結

◀墓地から掘り起こされた行方不明者の遺骨　軍事政権下に行方不明になった一万五〇〇〇人の遺骨がサンパウロ郊外の墓地から発掘された。一九九〇年。

成を認めたが、その狙いは、野党の分断を促すことにあった。国家革新同盟は民主社会党、ブラジル民主運動はブラジル民主運動党と改名し、タンクレード・ネヴェスの率いる民衆党、のちの大統領イナシオ・ルーラ（一九四五〜）を指導者とする労働者党が誕生し、ヴァルガスの流れを汲むブラジル労働党も復活した。

フィゲイレードは、爆弾テロなど強硬派による行き過ぎた行動に苦慮する一方で、一九七九年に始まった第二次石油危機に起因する、インフレと不況が同時進行するスタグフレーションと国際収支の赤字に対応しなければならなかった。一九八一年の国内総生産はついに三・一パーセントのマイナス成長を記録し、二年後の一九八三年にはインフレは二一〇パーセントに達した。「ブラジルの奇跡」は外国からの融資、借款に支えられていたから、金利の高騰で一九八二年末には八三二億ドルに達した対外総債務の返済が困難となり、一九八三年、ついにフィゲイレード政権は国際通貨基金（IMF）に支援を要請した。

その代償にワシントン・コンセンサスとして国際通貨基金から要求された貿易の自由化、民営化などの構造調整政策を受諾せざるをえなかった。しかし、その緊縮経済政策は、労働者階級のみならず中産階級の生活を直撃した。中産階級が軍部の強権政治を容認していたのは、その経済開発政策から恩恵を受けていたからであったが、その恩恵が失われたいま、強権政治は桎梏《しっこく》以外の何ものでもなくなり、「鉛の時代」からの脱却を望むようになった。

開発主義の行き詰まりと軍人の退場

時代は大きく変わろうとしていた。一九八五年に予定されている大統領選挙を前にして、労働者党は、早くも一九八三年から民意を反映しない大統領の間接選挙に不満を表明し、各地で大統領の直接選挙を要求する「ディレッタス・ジャ（即直接選挙を）！」運動を展開していた。翌一九八四年に入ると、運動は全国的な規模に拡大した。四月中旬、リオデジャネイロとサンパウロ合わせて二五〇万人の民衆が参加し、ブラジル史上最大の集会となった。しかし下院議会では民主社会党の反対で、憲法修正案は否決され、従来通り間接選挙で行なわれることとなった。

▶**労働者のヒーロー、ルーラ**　金属労働者の集会で演説するルーラ（一九七九年三月）。一九七八年から賃金改定を求める労働者の運動は全国的な広がりをみせた。自動車工場が集中するサンパウロのABC地区ではイナシオ・ルーラの率いる金属労働組合が軍事政権に挑戦する違法ストライキを敢行し、雇用者側との交渉で六三パーセントの賃上げを獲得した。

与党の民主社会党からパウロ・サリン・マルーフ（一九三一〜）が立候補し、ブラジル民主運動党からはタンクレード・ネヴェスが出馬した。しかしマルーフの擁立に反対する集団が民主社会党を脱党して自由戦線党を結成し、ブラジル民主運動党と「民主同盟」を結んだ。民主同盟はタンクレード・ネヴェスを大統領候補に、副大統領候補には自由戦線党のジョゼ・サルネイ（一九三〇〜）を選出した。この間、国民の激しい反政府運動に軍部は静観せざるをえなかった。

結果は、一九八五年一月、野党の立候補者タンクレード・ネヴェスが四八〇票、与党のマルーフはわずか一八〇票で、タンクレードの圧倒的な勝利に終わった。こうして、ブラジルは、二一年ぶりに軍政から民政に移行することとなり、軍人は政治の舞台から姿を消した。

三月一五日、タンクレード・ネヴェスは正式に大統領に就任する予定であった。しかし、その前夜タンクレード・ネヴェスは緊急手術のために入院し、急遽副大統領のサルネイが臨時大統領に就任した。それも束の間、四月二一日、国民が大きな期待を寄せていたタンクレード・ネヴェスは死去し、サルネイが正式に大統領に就任した。

▼タンクレード・ネヴェスの勝利　ミナスジェライス州出身の政治家。ジャニオ・クアドロス辞任後の議院内閣制創設にともなって首相に就任。政治開放後、ブラジル民主運動党に入党し、「民主同盟」に結集した野党をまとめ、間接選挙で民政移管後の最初の大統領に選出された。

◀「ディレッタス・ジャー！」運動　一九八四年四月一〇日、リオデジャネイロのカンデラリア教会前の広場を埋めつくした参加者。六日後、サンパウロでは参加者は一五〇万を数えた。

第一一章 新生共和政の成立

1 民主主義の復活

サルネイ政権

こうして、ブラジルは軍政の重苦しい「鉛の時代」から抜け出した。国民は、民主主義が復活したこの体制を期待を込めて「新生共和政」とよんだ。この新生ブラジルは、前体制の負の遺産を払拭しきれずに混乱が続くサルネイからコロル、フランコまでの政権期と軍事政権に敵対してきたカルドーゾからルーラ、そして現職のルセフにいたる政権期とに二分できる。

民政移管後、事実上、最初の大統領に就任したジョゼ・サルネイの課題は、二〇年間の権威主義体制の遺制を払拭して民主主義を再生するために新憲法を制定することと、経済危機から抜け出すために軍事政権から受け継いだ一〇〇〇億ドルに達する対外債務および二三五パーセントという史上最悪の数値に達していたインフレに対応することであった。

就任翌年の一九八六年二月、インフレを抑制するために「クルザード計画」が発表された。サルネイ新政権は、従来の通貨クルゼイロをクルザードに改めてその価値を一〇〇〇分の一に切り下げるデノミネーションを断行するとともに、物価と家賃を凍結した。賃金はインフレが二〇パーセントを超えると自動的に引き上げられることとなった。クルザード計画は国民から歓迎され、これによって一時的にインフレは収まり、消費が激増した。

しかし価格が統制されているため、まもなく生産者の生産縮小、小売業者の売り惜しみが始まり、需要と供給のバランスが大きく崩れ、スーパーから商品が一斉に姿を消した。政府は、一一月の連邦議会議員、州知事選挙まで静観し、与党のブラジル民主運動党・自由戦線党の勝利が決定したとたん、まず石油価格の凍結を解除し、翌年二月には物価は完全に自由化された。その結果、一九八六年に六五パーセントだったインフレは、四一六パーセントに急騰した。クルザード計画は完全に失敗した。さらに、サルネイの任期最後の年に「クルザード・ノヴォ計画」を発表し、あらたに一〇〇〇分の一のデノミネーションを断行した。しかし、その甲斐もなく、貿易収支は赤字に転落し、一九八七年二月には対外債務のモラトリアムを宣言して、ブラジルの国際的信用は地に墜ちた。

(%)

1950年	9.2
1960	25.4
1965	58.2
1970	16.4
1975	33.9
1980	110.0
1985	235.0
1987	416.0
1988	1038.0
1989	1783.0

▲インフレ率　1950～1989年
出所：Thomas E. Skidmore, *Brazil* p.194.

一九八八年憲法

一九八六年一一月の制憲議会選挙から二年後の一九八八年一〇月、ようやく新憲法が公布された。さまざまの圧力団体の要求を採り入れざるをえなかった「一九八八年憲法」は、基本的人権とともに労働者の権利に関して週四四時間労働、失業保険など軍政以前のコルポラティズム的な保護を明記した。ペトロブラスの存続など民族主義要素も色濃い。非識字者および一六歳以上の若者に参政権が付与された。人種差別および人種差別的な言動は犯罪とみなされ、インディオの保護に関する規定も初めて憲法に盛り込まれた。その一方で、もっとも議論されながら、結局、農村地主の圧力で農地改革の実施は憲法に盛り込まれず、土地は「社会的機能」を果たさなければならないという抽象的な表現で葬られてしまった。

◀**サルネイ政権下でのハイパーインフレ**　患者のサルネイ大統領に「さあ、もう一度さっきの4桁を言ってみてください」。サルネイ政権任期最後の一九八九年インフレは一七八三パーセントに達した。

コロル政権

議会と利権の譲渡を引き換えに大統領の四年の任期を一年延長したサルネイの退任が決まり、一九八九年一一月、二九年ぶりに自由な直接選挙が実施されることとなった。乱立した二二名の候補者のなかから労働者党の候補者イナシオ・ルーラと北東部アラゴアス州の無名の新人フェルナンド・コロル・デ・メロ（一九四九〜）が第二次の決選選挙に臨んだ。新鮮さを売り物に派手なテレビによる選挙運動と左翼大統領の当選をおそれた保守層の支援が功を奏してコロルが当選した。

一九九〇年三月、コロルは大統領就任と同時に、月間八〇パーセントというハイパーインフレーションを抑制するコロル計画（新生ブラジル計画）を発表した。サルネイ政権末期には物価が一カ月でほぼ二倍になるという狂乱ぶりを示していた。コロルは、物価の凍結、物価スライド制

◀**一九八八年憲法の採択**

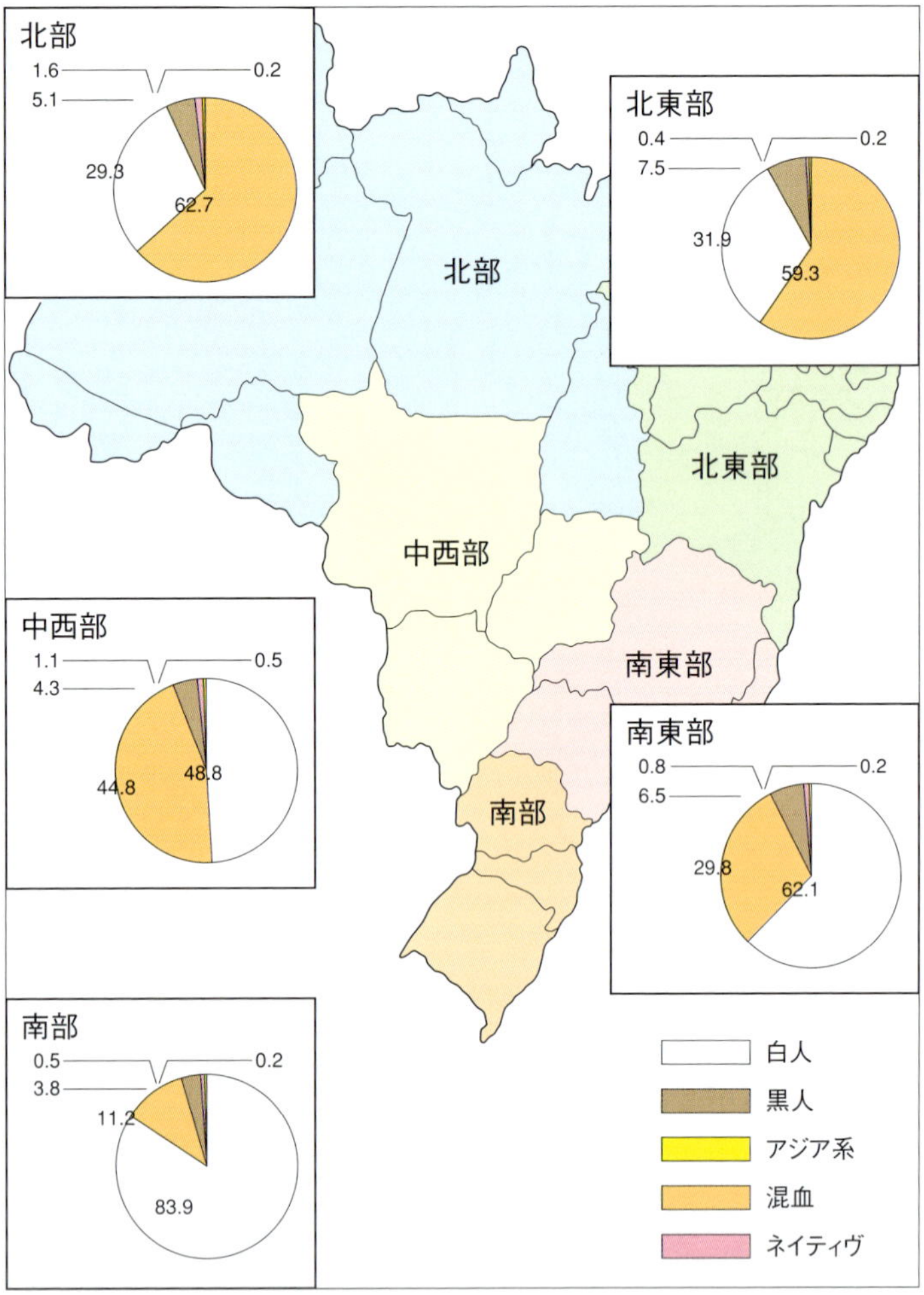

▲**エスニック地図**　出所：Luiz F. Levy, *The New Brazil*, p.204.

（インデクセーション）の廃止とともに国民の預金を凍結するというドラスティックな改革を断行した。通貨クルザード・ノヴォはクルゼイロに改められた。

その一方で、国際通貨基金（IMF）からの支援の条件として義務づけられた緊縮財政、市場開放、貿易自由化に着手した。同時に、日本との合弁企業で設立されたウジミナス製鉄所を皮切りに進められた民営化や関税率の引き下げは、のちにブラジル経済の競争力を高めることになる。

一九九二年六月にはコロル主催のもとに世界から一〇八カ国の首脳が参加する国連環境開発会議「リオ・サミット」が開催され、軍政下での強権政治、ことに情報機関の拷問によって失墜していた国際社会でのブラジルの信用を回復するきっかけとなった。

しかしコロル計画もインフレの高騰と失業の増大をまねいて失敗に終わり、一九九二年半ば、コロル大統領は身内や側近の汚職事件に巻き込まれた。同年九月、下院は圧倒的多数でコロルを弾劾し、上院も八年間の政治的特権の停止を採決し

▲**インディオ最初の連邦下院議員ジュルーナ**　マリオ・ジュルーナはマトグロッソ州のシャヴァンテ族に属する村の首長。一七歳にして初めて白人社会と接触し、インディオ居留地画定のために活動した。軍政下の一九八二年、インディオ最初の下院議員に選出された。

た。コロルは、一二月、孤立無援のうちに大統領職を解かれた。

2 インフレの終息

インフレとデノミ

ただちに副大統領イタマール・フランコ（一九三〇～二〇一一）が大統領に就任した。新大統領にとって、政治腐敗の一掃とともに、コロル計画の頓挫で危機的状況にある経済の立て直しが緊急の課題であった。しかし彼には大統領としての資質も経済危機に立ち向かおうとする気概も欠けていた。フランコの唯一の功績は、蔵相を何度か入れ替えたのち最終的にフェルナンド・エンリケ・カルドーゾを任命したことであろう。軍政下に亡命をよぎなくされていたカルドーゾは、サンパウロ大学の社会学教授としての国際的な知名度を買われて、一九九二年から外相の任にあったが、一九九三年五月、あらためて蔵相に任命されたのである。就任を受諾したカルドーゾは、二四八九パーセントというハイパーインフレ克服のためのチームを組んだ。

すでに述べたように、

◀リオ・サミット　アマゾンの開発が進み環境破壊が懸念されているブラジルで開催された「開発と環境に関する国際連合会議」。一七二カ国から四万人が参加した国連史上最大規模の会議で、地球環境の保全と持続可能な開発の実現のための方策が話し合われた。国連旗を前に並んだ、左からガリ国連事務総長、コロル大統領、サッカーのペレ元選手。一九九二年六月一四日。毎日新聞社提供。

▼「コロル、出て行け」運動　コロル大統領は辞任によって政治的権利の喪失を避けようとしたが、1992年10月29日、国会周辺で10万人の抗議集会が開催された。学生たちは顔にペンキを塗って「コロル、出て行け」運動を展開した。1992年。

一九八六年のクルザード計画からカルドーゾ蔵相就任前までに一〇〇〇分の一のデノミネーションが三回行なわれ、数字の上で通貨の価値は七年間に合計で、一〇億分の一に下落した計算になる。まさに天文学的数値で、第一次世界大戦後のドイツ以来のインフレであった。商店は毎夜、値札の書き替えに追われ、企業は毎日、固定資産の評価替えをしなければならなかった。その対応策として設けられたインデクセーションによって賃金も上昇するが、インフレに追いつかない。ことに低所得者層は生活に困窮し、犯罪の増加で社会不安が広がった。

レアル計画

新しく立案された「レアル計画」のメンバーの多くは、サルネイのクルザード計画の立案者であったから、その過ちに精通しており、新しいリーダーのもとで改革に意欲を燃やした。彼らは惰性インフレという悪循環を断ち切るために、物価と賃金の凍結といった従来の抜き打ち的なショック療法を採らず、新計画を事前に国民に十分説明することから始めた。まずインフレ抑制の前提条件として予算の均衡化を図ったうえで、一九九四年二月からクルゼイロと併用するかたちで「実質価値表示単位」（URV）という通貨単位を設けた。URVをドルに連動させて、一URV＝一ドルを維持し、物価はクルゼイロとURVで併記される。URVとクルゼイロの関係は毎日訂正されるので、為替レートと物価はほぼ等しい率で変動するがURVでの価格は変わらないので、URVのインフレ率はゼロに保たれることになる。

こうして、長年ブラジル人の脳裏に刻み込まれたインフレ心理を徐々に払拭し、URVが経済全体に広がった段階で、一九九四年七月、新通貨レアルが導入された。一レアルは一ドルに固定され、クルゼイロとの交換比率を一レアル＝二七五〇クルゼイロとするデノミネーションが行なわれた。その結果、レアル計画直後の一九九四年、九二九パーセントだったインフレ率は、翌一九九五年には二二パーセントにまで劇的に急落したのである。ちょうどこの頃、世界のマクロ経済が好況期を迎え、為替固定維持に必要な外資がカルドーゾの高金利政策によって確保でき、一九九四年には農業の豊作に恵まれ物価が安定したこともレアル計画成功につながった。

▶クルゼイロからレアルへ　デノミネーションにともなう値札の張り替え。

レアル計画成功の見通しが立った一九九四年三月、カルドーゾは蔵相を辞任し、一〇月の次期大統領選挙にブラジル社会民主党から立候補することを表明した。北東部を主な地盤とする保守系の自由戦線党の支持を取りつけたカルドーゾは、レアル計画成功の余勢を駆ってそれまで優勢を伝えられていた労働者党のルーラに圧勝した。積年のインフレを克服し軍事政権に反体制の姿勢を取りつづけてきたカルドーゾの大統領就任は、ブラジル現代史の新たな節目となるものであった。

Column ⑤

ブラジルの土を踏んだ最初の日本人

通常、日伯関係の歴史は、一九〇八年六月一八日、笠戸丸の乗船客七八一人がコーヒー栽培のための契約移民としてサンパウロの外港サントスに降り立ったことから書き起こされる。以後、第二次世界大戦の勃発による中断期間（一九四一～五二年）を挟んで、一九九三年までの八五年間に戦前移住者一八万八九八六人、戦後移住者五万三六五七人、合計二四万二六四三人の日本人がブラジルに渡った。現在、日系ブラジル人の数は約一五〇万人、海外における最大の日系社会を形成している。

ところが、この笠戸丸のブラジル移民から一〇〇年以上前の江戸時代、ブラジルの土を踏んだ四人の日本人がいた。ジョン万次郎がアメリカ船に救助される三八年も前のことである。一七九三年、仙台藩の石巻から米と木材を積んで江戸に向かったが、塩屋岬沖で遭難し、アリューシャン列島に漂着した若宮丸の船乗りたちである。船乗り一六人はロシア人に救助され、そのまま一〇年間ロシアに拘留された。当時、ロシアは日本との国交を望んでいた。すでにエカテリーナ二世は大黒屋光太夫を帰還させて第一回遣日使節を送りこんだが、交渉は失敗に終わっていた。

時の皇帝アレクサンドル一世は、あらたに日本使節団の派遣を計画し、帰国を望んだ津太夫、儀兵衛、佐平、太十郎の四人の帰国を許可した。四人の日本人を乗せた使節船ナジェージダ号は、一八〇三年八月七日、サンクトペテルブルクに近いクロンシュタットを出港した。

大西洋を航行中、ナジェージダ号は嵐にあい、同年一二月二一日、ブラジル南部のサンタカタリーナ島に入港した。ブラジルが独立する一九年前のことである。船の修理のために四人の日本人も、ブラジル（ブラシリー）に一カ月半滞在することになった。そこでの四人の貴重な体験談が、帰国後、大槻玄沢の聞き書きした『環海異聞』に記されている。それによれば、現地人は色黒く、縮れ毛で、上半身裸で袴のようなものをはいていること、水車で米を精米しているが、それは輸出用で、彼らはトウモロコシを粥状にして食していること、屋上に十文字のある教会（寺）で現地人の礼拝の仕方が日本人と変わらないこと、など実際に観察したことのほかに、食べ物に対する並々ならぬ関心ぶりを示している。スイカ、カボチャ、ブドウ、リンゴなど数多くの野菜や果物を列挙しているが、とくに彼らが気に入ったのはサトウキビである。黒人たちが泳いで船まで売りに来ること、「食するに、口中涼しく、暫時暑熱を忘る」とある。バナナを食べたりヤシの実（コッコス）の果汁を飲んだりもしている。バナナは「味甘き事、木通《あけび》の如し」。物の売り買いがスペイン（イシパンツケ）の金銀（貨）で行なわれており、アルゼンチンに近いブラジル南部はスペインの貨幣が使用されていた。ことに興味深いのは、「蘇《す》枋《おう》、この国の土産なりと聞きしが見ず」の記述から、パウ・ブラジルが彼らにも知られていたことがわかる。

一八〇四年二月四日、四〇日余りのブラジル滞在ののち、サンタカタリーナを出港したナジェージダ号は、ホーン岬を迂回して太平洋に入った。その後、ハワイを経て、いったんカムチャッカまで北上し、一八〇四年一〇月九日、長崎に到着した。それは一年二カ月におよぶ大航海であった。こうして、津太夫ら四人は、はからずも世界周航を成し遂げた最初の日本人となるが、またブラジルを訪れた最初の日本人でもある。

▲ナジェージダ号の航海図　寛政五年（一七九三）に石巻港を出たのちロシアに漂着した津太夫らが帰国までに辿った航路の図。『視聴草』（レザノフ長崎来航）。国立公文書館。

第一二章 二一世紀のブラジル

1 民主主義の定着

カルドーゾ、ルーラ、そしてルセフ

一九九五年一月、フェルナンド・エンリケ・カルドーゾは第三四代ブラジル大統領に就任した。社会民主党のカルドーゾのあと、労働者党のルイス・イナシオ・ルーラ・ダ・シルヴァ、次いで同じく労働者党の女性ディルマ・ヴァナ・ルセフ(一九四七〜)が就任する。一九八五年の民政移管後のサルネイ、コロル、フランコの三人の大統領はなんらかのかたちで軍事政権との関わりをもっていたが、カルドーゾ以後の三人は軍政下では反体制的立場を貫いたという共通点がある。すでに述べたように、サンパウロ大学の高名な社会学者カルドーゾは亡命と公職追放を経験している。ルーラは、政治開放後の軍政下で労働組合運動の指導者として活動した。ディルマ・ルセフは軍政の弾圧がもっとも厳しかった時期に高校生として武装闘争に加わり、拷問を受けている。

しかし、その出自、経歴は三者三様で大きな相違がある。ブラジル社会でエリート中のエリート、カルドーゾは、父方が三代にわたって将軍を輩出しており、父親はテネンティズモ運動との関わりがあった。母方は内陸部ゴイアスの地主の家系に属し、カルドーゾみずから「私は台所に片足を入れている」とその差別的な言辞で物議をかもしたが、母方の先祖から黒人の血を受け継いでいる。通常、台所で働くのは黒人であることからこのような発言が生まれた。

その正反対にあるのがルーラである。ブラジルでも最貧困地域の北東部ペルナンブーコ州に生まれた。事実上、母子家庭で育ち、小学校もまともに卒業しないまま一家ともども父親を頼ってサンパウロに移住した。職業を転々としたのちに金属工場に勤め、労働組合の指導者として頭角を現した。軍政末期の不法ストライキや「ディレッタス・ジャ!」運動を

◀フェルナンド・エンリケ・カルドーゾ 著書『政治の技法 私の生きた歴史』二〇〇六年。

指揮し、左翼勢力を代表する労働者党の創立にも関わった。

その中間に位置するのがディルマ・ルセフである。ブルガリアから移住してきた父親は、不動産業で財をなし、小学校教師だったブラジル人と結婚した。移民二世のディルマは、リオグランデドスル連邦大学、カンピーナス大学に学んだあと、ポルトアレグレで鉱山エネルギー局に勤めた。ルーラ政権で鉱山エネルギー相に抜擢され、次いで官房長官に就任した。ルーラのもっとも信頼する側近の一人であった。この三人の大統領とともにブラジルは新しい時代を迎えることになる。

カルドーゾ政権

一九九五年一月、就任と同時に、カルドーゾは、インフレ克服の成功を背景にワシントン・コンセンサスを遵守すべく、新自由主義にもとづいてブラジル経済の改革を積極的に推進した。インフレをコントロールし通貨の安定を維持するためには、緊縮財政によって財政赤字を是正しなければならない。そのために、無責任な公的支出に歯止めをかける措置として「財政責任法」を制定した。その一方で、経済活性化のための積極的な施策として非効率的で赤字経営の公営企業の民営化を進めた。コロル政権期に始まったウジミナス製鉄所に続いて、カルドーゾは労働組合の反対を押し切るかたちで通信・電話事業公社エンブラテル、鉄鉱石輸出企業ヴァレ・ド・リオ・ドセ社、航空機製造会社エンブラエール社などの民営化を次々と実施し、その売却金は財政赤字の補塡に当てられた。さらには、労働組合の特権的なコルポラティズモや古い型の政治家たちの間にはびこる縁故主義にもメスを入れ、ルーラ政権下での経済成長を準備した。

一九九七年、レアル計画の成功で人気を高めたカルドーゾは、再選できるように憲法を修正すると、ふたたびルーラを破って当選を果たした。二期目のカルドーゾが直面した最大の危機は、一九九九年一月に始まる世界的な金融市場の危機

▲民営化反対集会　カルドーゾは70の国営企業を民営化したが、ルーラの率いる労働者党をはじめ失業をおそれる労働者は反対運動を展開した。

▼エンブラエール社　前身は1969年、ブラジル空軍の技術者を中心に創立された国営航空機メーカー。1994年、カルドーゾのもとで民営化されると、経営の合理化を進め、国営時代に開発していた小型ジェット旅客機を販売してふたたび世界の注目を集めた。軍用機、ビジネスジェット機にも参入し、エアバス、ボーイング、ボンバルディアに次ぐ世界第4位の航空機メーカーに成長した。

の波及であった。投資家はブラジルから資金を引き揚げたため、中央銀行の外貨準備金が激減した。その結果、一レアル＝一ドルを保持できなくなり、変動為替相場制への移行をよぎなくされた。レアル価の暴落は、利子の高騰、生産の低下、失業の増大、不況と一連の負の連鎖を引き起こしたが、国際通貨基金（ＩＭＦ）から四一〇億ドルの融資を受けて金融危機を乗り切ることができた。その結果、一九九八年に〇パーセントだった経済成長は徐々に回復し二〇〇〇年には四・三パーセントを記録するにいたった。

すでに述べたように、カルドーゾは社会学者で、ラテンアメリカの貧困問題を研究していた。先進国の投資は発展途上国の低開発をまねくだけという単純な従属論から抜け出して、先進国の投資を利用して国内の経済発展を図る理論を展開していた。大統領就任と同時に、その理論を実践に移し新自由主義を受け入れて、ルーラ政権期に実を結ぶ経済発展への筋道をつけた。同時に、世界でもっとも大きいとされているブラジルの貧富の格差の問題に取り組んだ。かねてから貧困から抜け出すために教育の必要が叫ばれ、パウロ・フレイレ（一九二一～九七）のように独自の成人識字教育運動を実践する教育者もいたが、カルドーゾは教育全体のレベルアップを図るとともに、貧困家庭の子どもたちに奨学金を支給する制度ボルサ・エスコーラを創設した。その成果は、就学率・識字率の著しい上昇となって現れている。

▲ルーラ・ダ・シルヴァ　『ベージャ』誌。2003年1月8日号。

2　ルーラ政権下の経済発展

ルーラの変容

ブラジルの民主化と経済躍進の基礎を固めたカルドーゾの任期満了にともなう大統領選挙では、コロル、カルドーゾに挑戦してきた労働者党のルーラとカルドーゾの後継者ジョゼ・セーラ（一九四二～）の対決となった。インフレは終息したものの、緊縮政策を強要するワシントン・コンセンサスが新たな雇用を創出することもなく、かえって貧富の格差を拡大したことに国民の不満が募り、カルドーゾの新自由主義経済を批判するルーラの人気が高まっていた。しかし左翼政権の誕生を危惧した国際金融界は、前年のアルゼンチンのデフォルトの二の舞をおそれ、投資銀行はブラジル国債を格下げした。この国際的な経済動向に敏感になっている世論を無視しえず、ルーラは反新自由主義、農地改革を声高に主張する党内の強硬派を抑え込んで柔軟路線に変更し、都市中間層を取り込むことに成功した。その結果、二〇〇二年一〇月、ルーラは得票率六一・四パーセントを獲得し、四度目の選挙で念願の勝利を手にした。ルーラ、五七歳。極貧の農民の息子が大統領に就任するのは共和政史上初めてのことである。有権者数が国民全体のわずか二パーセントにすぎなかった旧共和政時代にくらべて、一〇〇年後の二一世紀初頭、一六歳以上の有権者数は一億六六〇万人、ルーラはまさに民衆が送り出した新生共和政の大統領であった。カルドーゾに続くルーラの選出は、ブラジルに民主主義が定着したことを世界に示す証しとなった。

▲トラックで南に向かう移住者　北東部からの出稼ぎ労働者を輸送するトラック、パウ・デ・アララ。インコなどを運搬する際に用いる止まり木を意味することから名づけられた。

BRICs 目覚ましい経済成長

ルーラが就任する二年前の二〇〇一年、ブラジルはロシア、インド、中国とともにBRICsと命名された新興工業国グループの一員として注目されたが、就任時の二〇〇三年、その躍進ぶりがあらためて注目された。

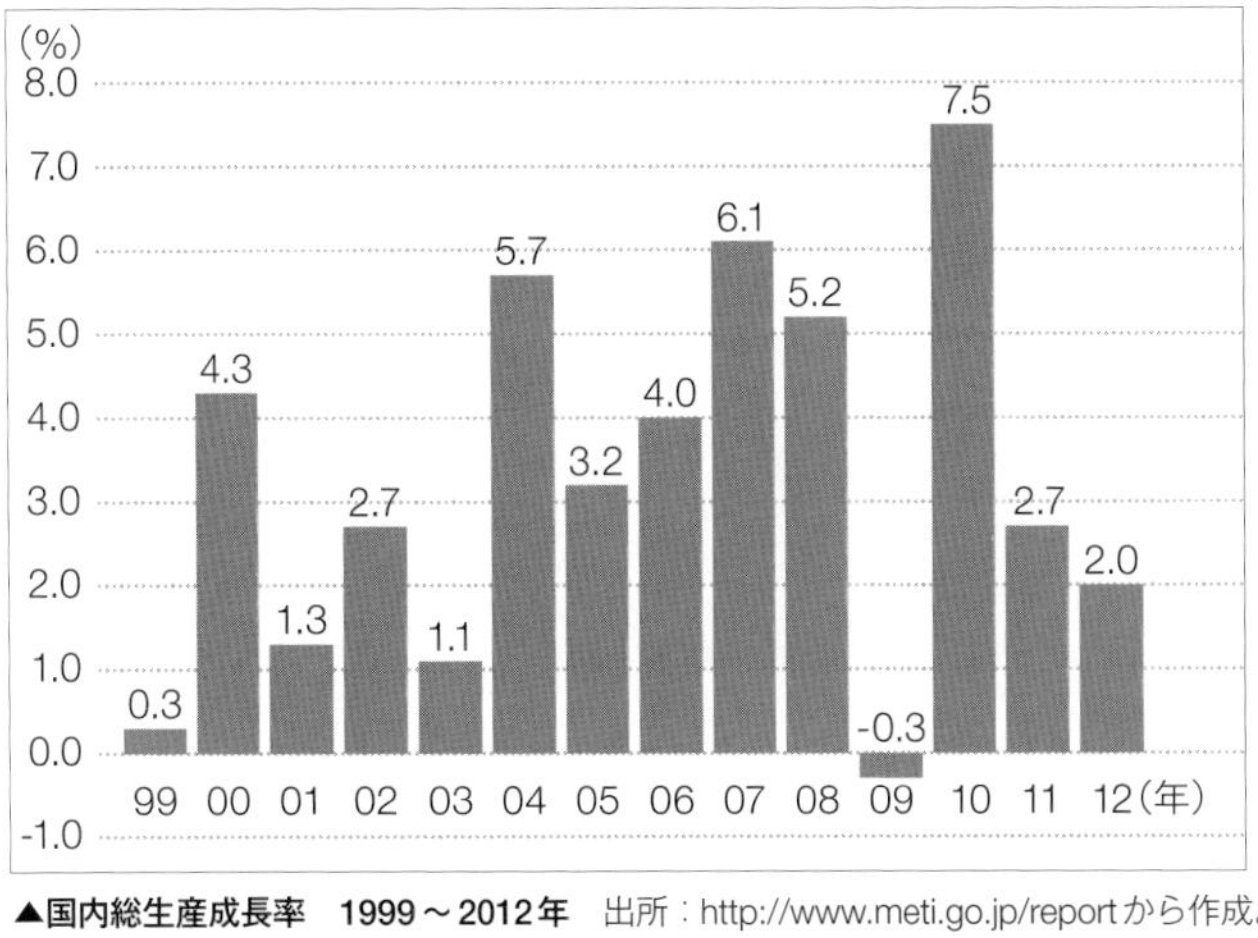

▲国内総生産成長率　1999～2012年　出所：http://www.meti.go.jp/reportから作成。

二一世紀に入って、ユーロ経済圏の誕生、インド、ロシアことに中国の著しい成長によって世界経済が拡大するなかで、コロル、カルドーゾが進めてきた経済政策が功を奏しはじめたのである。労働者党のルーラは路線の右旋回によってカルドーゾ政権の「インフレ抑制と経済安定化」政策を踏襲した。財政の健全化に努め、蔵相には元バンクボストンの最高経営責任者エンリケ・メイレレス（一九四五〜）を任命して「ルーラの変貌」を印象づけた。ルーラ就任時の二〇〇三年、ブラジルの国内総生産は六〇四九億ドルで、世界一四位であったが、四年後の二〇〇七年には一兆三一三六億ドルと倍増して世界の第一〇位に躍進した。ことに中国経済の躍進で鉄鉱石、大豆などの第一次産品の輸出が急増し、二〇〇六年にはリオデジャネイロ沖合三〇〇キロで大規模な油田が発見され、原油の自給がほぼ可能となった。おかげで、二〇〇五年には国際通貨基金（ＩＭＦ）の借金を完済し、二〇〇七年には純債権国となった。

所得格差の是正
ボルサ・ファミリア

その一方で、就任と同時に「飢餓ゼロ」計画を発表して社会政策に取り組んだ。ブラジルは貧富の格差が極端に大きく、所得分配の不平等さを計るジニ係数が

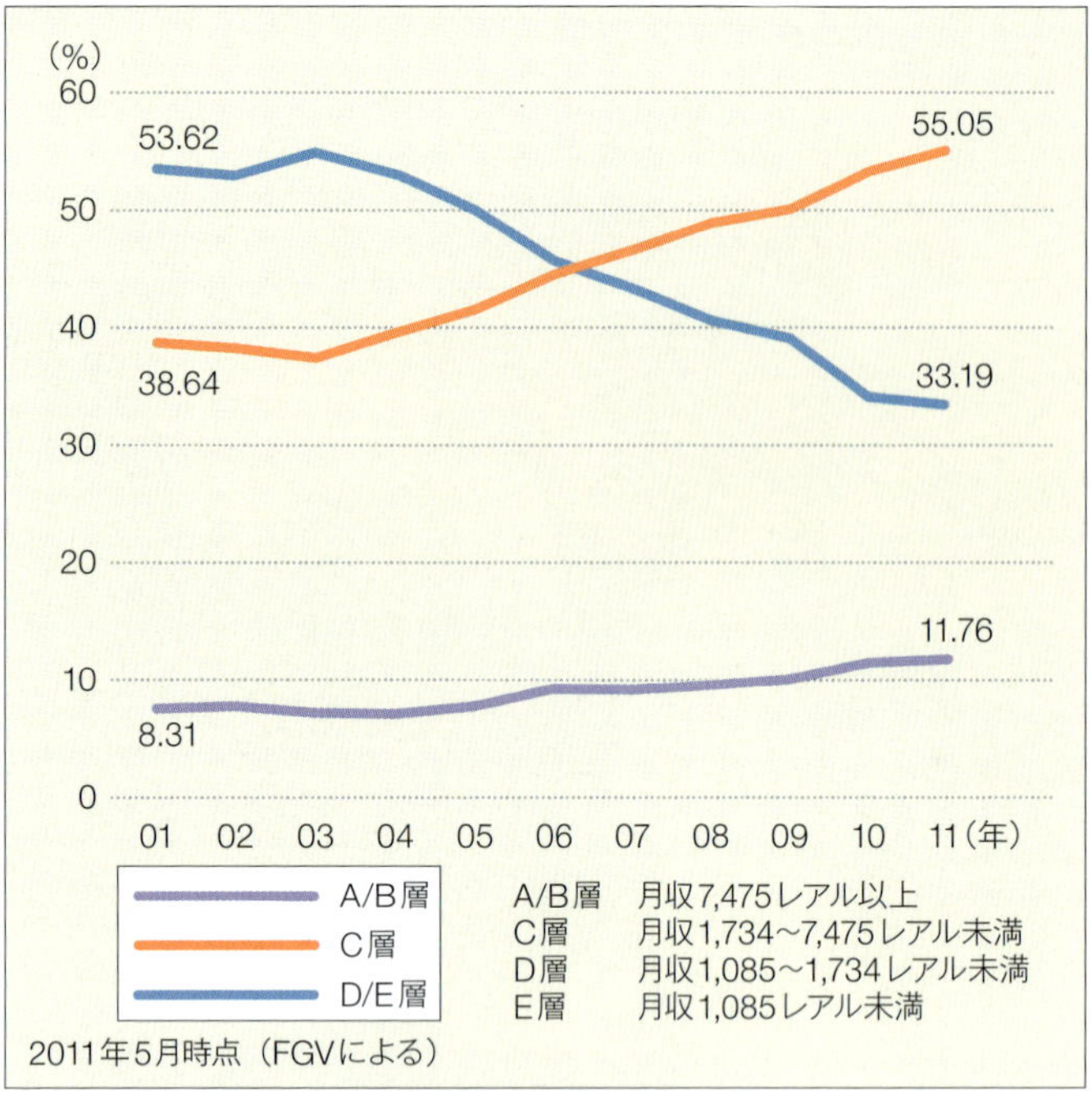

▲ブラジルの所得階層人口割合の推移　2001〜2011年
出所：http://www.meti.go.jp/reportから作成。

▶ファヴェラ　その起源は、一九世紀末に奴隷制廃止にともなって解放された奴隷たちが都市の郊外に集住したことに始まるが、一九七〇年代、高度成長から見放された北東部の農民たちが都市の周辺に移住して、ファヴェラ人口は激増した。二〇一〇年の統計によれば、総人口の六パーセント、一一四〇万人がファヴェラに居住して、ベレンでは実に市民の五四パーセントにおよぶ。リオデジャネイロのロシーニャの人口は七万人、ブラジル最大のファヴェラである。

〇・五六六（二〇〇三年）と最貧国並みの状態にあり、それが社会暴動や強盗など治安の悪さの一因ともなっている。その具体的な貧困対策として打ち出されたのが家族基金ボルサ・ファミリアである。受給対象者は児童を通学させることなどを条件に、低所得家族一人当たりの月収が七〇から一四〇レアル以下の家庭に月額一五レアルから九五レアルを支給する制度である。対象者の多くは、ルーラ大統領出身地の北東部の貧困地帯の住民である。最低賃金も引き上げられ、ルーラは社会底辺の民衆から圧倒的な支持を得るにいたった。

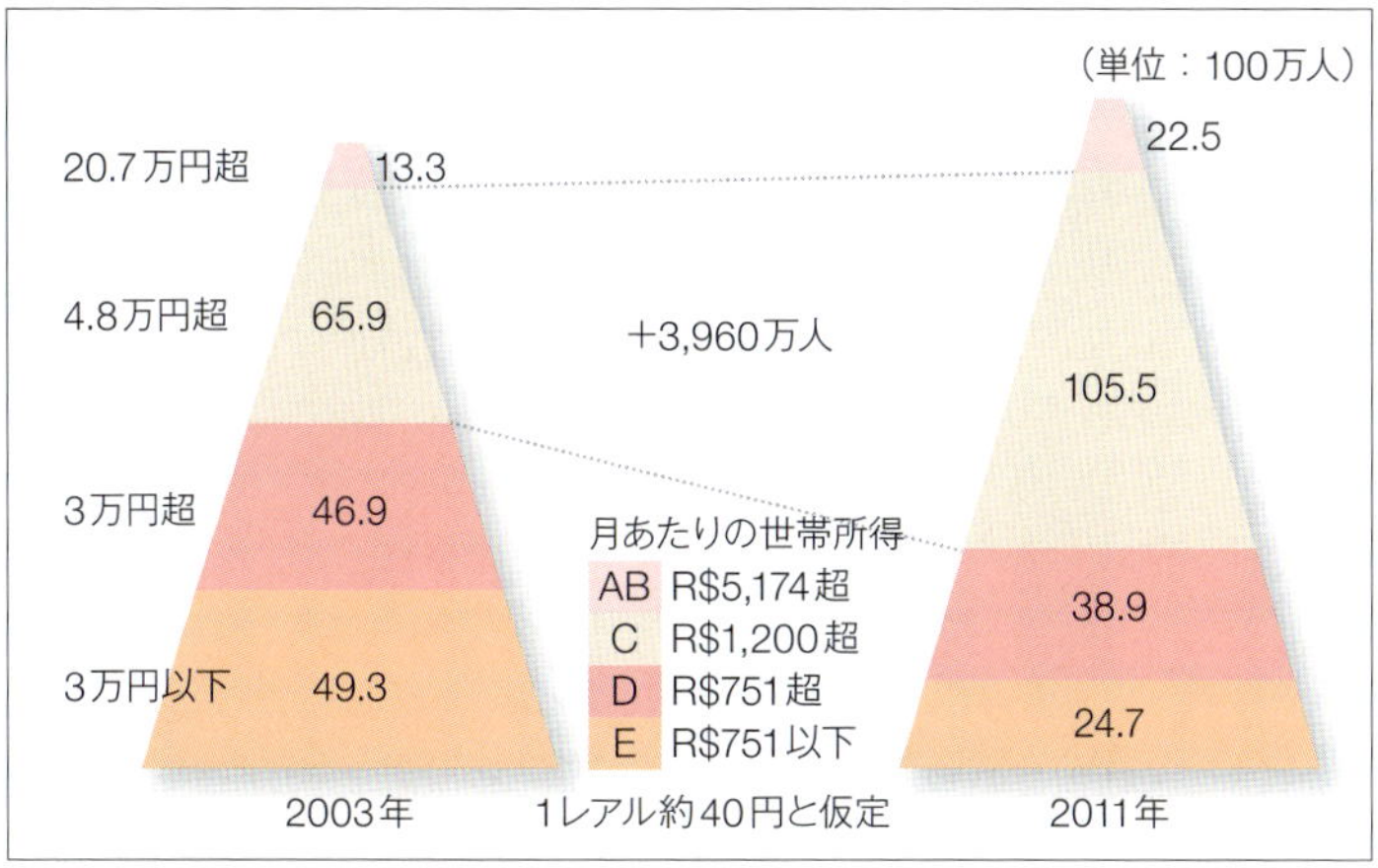

▲**中間層の増大　2003～2011年**　出所：http://www.meti.go.jp/reportから作成。

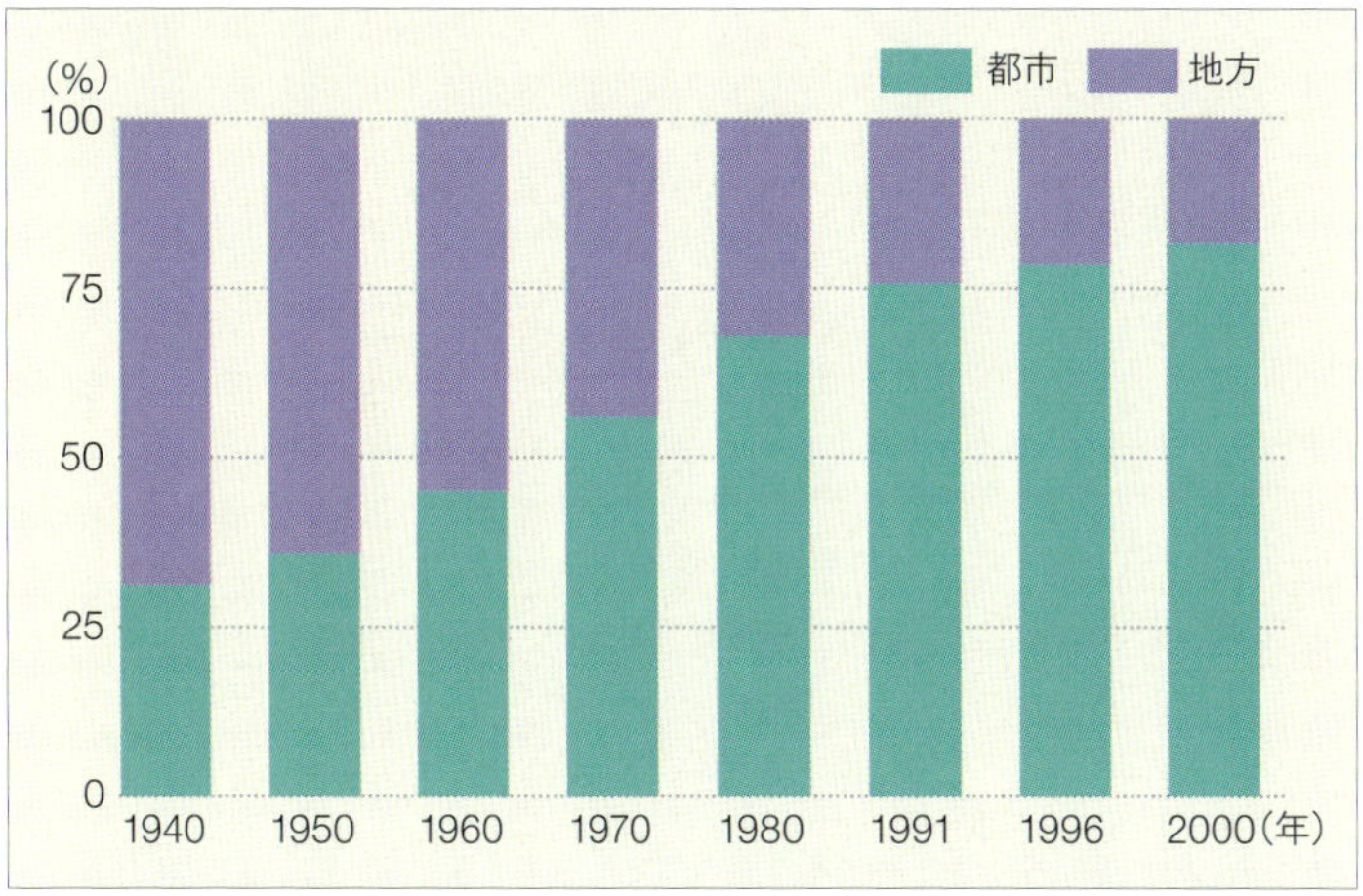

▲**都市化の進行　1940～2000年**　出所：Luiz F. Levy, *The New Brasil*, p.234.

第二次ルーラ政権

二〇〇六年一〇月の大統領選挙を控えた同年五月、ルーラ政権内部の買収汚職事件が発覚した。ブラジルは両院に議員を送り出している政党だけでも労働者党を中心に中道のブラジル民主運動党、野党のブラジル社会民主党など一二を数える。そのため国会対策として他の政党の支持を得るために毎月メンサランとよばれる「手当」が密かに複数与党の議員に支給されていたのである。側近の官房長官らが逮捕され、ルーラ政権にとって大きな痛手となった。

その結果、第一回の投票でルーラは過半数を制することができず、決選投票で社会民主党のジェラルド・アルキミン（一九五二～）を破って再選された。ルーラを勝利に導いたのは、家族基金の恩恵を受けている一二〇〇万の家族で、首都ブラジリアのスキャンダルは北東部の住民にとっては取るに足りないことであった。またルーラが出身母体の労働者党から距離をおいたことも都市中産階級の支持を獲得する要因となった。こうして、ルーラは当初のサンパウロを中心とする工業労働者から北東部の住民に軸足をおくにいたった。

この間、ブラジル経済は順調に成長を遂げた。二〇〇九年、リーマンショックによる影響で、成長率はマイナス〇・三パーセントにまで落ち込んだが、翌二〇一〇年には七・五パーセントと驚異的な

▲ディルマ・ヴァナ・ルセフ（右）とルーラ　EPA＝時事。

回復ぶりをみせた。この経済成長に支えられた低所得者層向けの社会福祉政策が功を奏して、所得格差も縮小しはじめた。所得の高いほうからA・B・C・D・Eと五段階で、D・E層に相当する低所得者層が減少し、中間層のC層が著しく増加、二〇一一年には人口の五五パーセントに達している。それはジニ係数にもはっきりと現れている。このことは取りも直さず国内消費市場の拡大を意味しており、その消費市場は国内総生産の六割を占めるにいたった。この力強い経済力を背景にブラジルは、G20のなかで発言力を強め、二〇〇七年、ルーラ大統領の積極的な外交によって、二〇一四年のサッカー・ワールドカップの開催国に決まり、二〇〇九年には二〇一六年夏季オリンピックのリオデジャネイロ招致に成功した。

3 ルセフ政権

ブラジル初の女性大統領

このように、二〇〇三年から二期八年間、国民の支持率八三パーセントというカリスマ的人気を享受したルーラ大統領は、次期大統領候補者を側近の官房長官で、女性のディルマ・ヴァナ・ルセフに託した。二〇一〇年一〇月、シコ・ブアルケ（一九四四～）やオスカー・ニーマイヤーらの支持を受け労働者党から立候補したルセフは、決選投票で社会民主党の前サンパウロ知事ジョゼ・セーラ（一九四二～）を破って、ブラジル史上初めての女性大統領に選出された。

二〇一一年一月、ルセフ大統領に託されたブラジルは、国土面積八五一万五五七六七平方キロメートル（世界第五位）、人口一億九〇七三万人（世界第五位、二〇一〇年）

政党	下院議席数	上院議席数
労働者党 PT	88	13
ブラジル民主運動党 PMDB	72	19
社会民主党 PSD	45	1
ブラジル社会民主党 PSDB	44	12
進歩党 PP	40	5
共和国党 PR	32	4
民主党 DEM	28	4
ブラジル社会党 PSB	24	4
連帯党 SD	21	1
社会秩序共和党 PROS	20	1
民主労働党 PDT	18	6
ブラジル労働党 PTB	18	6
ブラジルの共産党 PCdoB	15	2
キリスト教社会党 PSC	12	0
ブラジル共和党 PRB	10	1
緑の党 PV	8	1
社会民衆党 PPS	6	0
社会主義自由党 PSOL	3	1
ブラジルの労働党 PTdoB	3	0
国家動員党 PMN	3	0
共和進歩党 PRP	2	0
国家エコロジー党	1	0
計	513	81

▲政党の勢力分布　出所：http://www.camera.gov.br, http.www. senado.gov.brから作成（2014年）。

という面積、人口だけの大国から国内総生産二兆〇九〇三億ドル（二〇一〇年）と世界第七位の経済大国に成長し、世界にその存在感を示すにいたっている。政治的にはすでに民主主義が定着している。他のBRICs諸国にみられるような一党独裁もなく、国内騒乱の火種になる深刻な民族的対立も宗教的対立も存在しない。経済的にも天然資源に恵まれ、未開発の土地も広い。今後、深刻さを増すと言われている水資源も豊富で、地震や台風といった自然災害も少ない。産業構造も、工業、農業、鉱業が比較的バランスよく発展しており、中間階層の成長で国内市場も拡大した。

しかし、その一方で、貧困にあえぐ低所得者層に属する人びとの数が多いこともまた事実である。国民一人当たりの国内総生産（GDP）は一万二〇七八ドル（二〇一二年）と世界ランキング五八位に甘んじているばかりでなく、すでに述べたように、若干改善されたとはいえ、貧富の格差は依然として世界でもっとも大きい国の一つである。しかも、ルセフ大統領が就任した二〇一一年にはヨーロッパの金融危機の影響で経済成長は二・七パーセントにまで落ち込んだ。確かに前年の二〇一〇年にはブラジルの輸出額は過去最高を記録したが、その主要輸出品は、アジアとくに中国向けの鉄鉱石、大豆などの第一次産品で、産業構造の「脱工業化」の進行が危惧されている。しかもヨーロッパの金融危機で中国の景気が落ち込み、それが中国への輸出の低迷をまねく結果となっている。近年拡大している自動車などの工業製品の生産も部品、半製品の輸入による最終生産段階での単純な技術工程にとどまっている。その一方で好況によるレアル高と国内市場の拡大で中国や韓国からの安い工業製品の輸入が増大し、国内産業が圧迫されている。

このように前政権より厳しい状況のもとで第三六代ブラジル連邦共和国の大統領に就任したディルマ・ヴァナ・ルセフは、あらためて貧困の撲滅を誓い、ルーラ政権の福祉政策の継承を表明した。いまルセフ政権は、カルドーゾ政権以来推進されてきた社会福祉計画を維持、充実するためにブラジルのもつ潜在力を掘り起こし、政府主導のもとで自国産業を保護育成して持続可能な成長を実現することをめざしている。

4 現代ブラジルの文化

「近代芸術週間」

一八二二年、ブラジルは政治的にポルトガルから独立し、インディオ世界の帝国継承を意識して王国ではなくブラジル「帝国」を建国したが、文化的には引き続きヨーロッパ、ことにフランスの影響を受けつづける。文学面では、インディアニズモを掲げたジョゼ・デ・アレンカール（一八二九〜七七）に代表されるロマン主義からブラジル最大の文豪と言われるマシャード・デ・アシス（一八三九〜一九〇八）の追求した写実主義を経て自然主義、高踏主義、象徴主義とヨーロッパ文学の流れに追随した。絵画・建築などの芸術分野でも、植民地時代の宗教色一辺倒のバロック、ロココ様式を経て、一九世紀にはフランスの新古典主義が隆盛を極めた。おりからのナショナリズムの高揚に刺激されて、ブラジルの「発見」や独立、パラグアイ戦争など歴史をテーマにした作品が次々と世に送られた。それはまたペドロ二世の好みにかなうものでもあった。第一共和政期の為政者たちは、文化は民間の領域とみなして積極的に関与することはなかったが、上流階層はコーヒー・ブームに支えられてやはりフランス風のベルエポック文化を謳歌した。

しかし第一次世界大戦後、状況は一変する。独立一〇〇周年を迎えた一九二二年七月、かねてからコーヒー寡頭支配層の政治支配に不満を抱いていた陸軍の若手将校テネンテたちが体制の革新をめざして「コパカバーナ要塞の反乱」を企てたが、それに先立つ五カ月前、文学・芸術の分野でも伝統的、アカデミズム的な潮流を打破しようとする革新運動が起こった。一九二二年二月、独立一〇〇周年を機に作家・詩人・画家など若い芸術家たちがサンパウロで開催した「近代芸術週間」がその発端となった。彼らはヨーロッパの文化に追随する伝統文化と決別して自国の現実を表現するブラジルの文化的独立を主張した。それはブラジルにおけるモダニズム（モデルニズモ）の始まりであり、現代ブラジル文化活動の出発点となった。

サンパウロ市立劇場ではマヌエル・バンデイラ（一八八六〜一九六八）ら詩人の朗読や作曲家エイトール・ヴィラ＝ロボス（一八八七〜一九五九）の演奏会が行なわれ、アニタ・マルファッティ（一八八九〜一九六四）、ディ・カヴァルカンティ（一八九七〜一九七六）の絵画、ヴィトル・ブレシェレ（一八九四〜一九五五）の彫刻が展示された。そのあまりに前衛的、破壊的なイベントは伝統主義者たちから激しい批判を浴びた。ブラジル児童文学の生みの親モンテイロ・ロバート（一八八二〜一九四八）もこの前衛的な運動を批判した作家の一人であった。ブラジル文化における外国の影響を問題にするこの運動は、ヨーロッパの前衛運動に触発されたという方法的矛盾をはらんでいたとはいえ、新しいブラジル的表現を真剣に模索した。この文芸上の革新運動を機に次々と実験的な作品が生みだされた。

▶モダニズム運動の主要なメンバー　マリオ・デ・アンドラーデ（前中央）、アニタ・マルファッティ（中段右）。一九二二年。

モダニズムの理論的指導者の一人、マリオ・デ・アンドラーデ（一八九三〜一九四五）は、主著『マクナイーマ』（一九二八年）でインディオを主人公にブラジルの民話や伝説を掘り起こし、民衆の話しことばを遣って「ブラジルのポルトガル語」を確立しようと試みた。主人公マクナイーマはブラジル人の象徴とみなされている。

その一方で、いま一人の指導者オズワルド・デ・アンドラーデ（一八九〇〜一九五四）は、『食人宣言』（一九二八年）のなかで、自分は儀式に人肉を食べたインディオの種族トゥピになる、言い換えれば、ヨーロッパ文化のなかから興味あるものだけを選択的に吸収し消化すると開き直った。彼はまた詩集『パウ・ブラジル』を上梓して、かつてパウ・ブラジルを輸出したようにブラジルの文芸を外に向かって発信しなければならないとも主張した。

このサンパウロやリオデジャネイロといった中央の文芸活動と対抗するかたちで、北東部ではジョゼ・アメリコ・デ・アルメイダ（一八八七〜一九八〇、『サトウキビの搾りかす置き場』）、グラシリアーノ・ラモス（一八九二〜一九五三、『乾いた生活』）、ジョルジェ・アマード（一九一二〜二〇〇一、『果てなき大地』）、南部のリオグランデドスルではエリコ・ヴェリッシモ（一九〇五〜七五、『時と風』）らが地域主義を掲げ、その土地固有の風土、極貧にあえぐ農民の窮状を描くなど社会性を帯びた作品を発表した。詩の分野では、カルロス・ドゥルモン・デ・アンドラーデ（一九〇二〜八七）やヴィニシウス・デ・モラエス（一九一三〜八〇）らが定型にとらわれない斬新で自由な詩作を試みた。のちにヴィニシウス・デ・モラエスはボサノヴァの作詞を多く手がけることになる。

ヴァルガスの文化政策

一九三〇年、政権を握ってブラジルの革新をめざしたヴァルガスは、文化政策にも精力的に介入した。新国家体制は反自由主義、反共主義を標榜するが、ナチズムやファシズムなどの全体主義のような明確なイデオロギーをもたない。それに代わるものとして、ヴァルガスは国民を統合するためにナショナリズムという国民感情に訴え、伝統の継承と革新によって新しいブラジル文化を創造し、ヨーロッパや近隣のラテンアメリカ諸国にはないブラジルの独自性、すなわちブラジリダーデを確立しようとした。その論拠の一つが、一九三〇年革命の三年後、文化人類学者ジルベルト・フレイレ（一九〇〇〜八七）が主著『大邸宅と奴隷小屋』をとおして主張した人種民主主義である。フレイレは、第二帝政期末に流行した、人種の混血が文化の退廃をまねくという人種不平等論を一八〇度転換させて、ブラジル人は肌の色に対する偏見なしに他者と同化できる能力をもっていることを強調した。インディオ、白人、黒人の人種混淆からなる混血ブラジル人を肯定的にとらえなおし、熱帯に生まれたこの新しい人種の融合文化こそがブラジリダーデにほかならないとした。新国家体制は、この言説をもとに人種民主主義を新国家体制のイデオロギーとして採用したのである。

その政策を実現するために、ヴァルガスはエリート文化を担当する教育省と民衆を啓蒙し民衆文化を普及させる報道宣伝局を創設した。「近代芸術週間」に携わった若い芸術家を積極的に登用してブラジリダーデを鼓舞した。詩人マヌエル・バンデイラ、ル・コルビュジエ門下の建築家ルシオ・コスタとオスカー・ニーマイヤー、画家カンディド・ポルティナーリ、作曲家ヴィラ＝ロボスらは積極的にヴァルガスに協力した。ブラジル音楽とバッハの作風を融合した組曲「ブラジル風バッハ」はヴィラ＝ロボスの代表作で、ことにアマゾンの密林世界を連想させる第五番は有名である。

その一方で、ヴァルガスは、ナショナリズム高揚の手段として民衆文化の普及に尽力するとともにその統制も怠らなかった。ブラジル人の一体感を醸成するための手段として利用されたのが、カーニ

◀一九三〇年代の知識人たち　後列左からシセロ・ディアス、ジルベルト・フレイレ、セルジオ・ブアルケ・デ・オランダ、ジョゼ・アメリコ・デ・アルメイダ。一九三〇年代に出版されたフレイレの『大邸宅と奴隷小屋』、オランダの『真心と冒険（ブラジルのルーツ）』、マルクス主義者カイオ・プラード・ジュニオルの『ブラジルの政治的発展』は当時の若者たちに熱狂的に迎えられた。

▶ラジオの普及　報道宣伝局は新国家体制のイデオロギーを広め、「ブラジルの指導者」としてのヴァルガスのイメージを高めるために積極的にラジオを利用した。毎夜七時から八時まで「ブラジルの時間」が設けられ、新体制の教宣活動が行なわれた。セ（アルヴァロ・マルティンス）画。

バルとその際に歌われるサンバである。その媒体となったのは、その頃放送が始まったラジオであった。一九世紀後半に生まれたサンバは、ラジオの普及によって全国的に広まり、カルメン・ミランダ（一九〇九〜五五）やオルランド・シルヴァ（一九一五〜七八）らは国民的な人気を博していた。ヴァルガスはこのサンバを、ブラジルを代表する音楽と位置づけ、やはりこの時期に盛んになりはじめたカーニバルとともにブラジリダーデの母体として利用したのである。

一九世紀後半からリオデジャネイロのカーニバルは、音楽に合わせて仮装行列や山車が路上を練り歩く民衆の娯楽となっていた。ヴァルガスは、旧共和政下で胡散臭い民衆の馬鹿騒ぎとして規制の対象になっていたこのカーニバルを公認し、カーニバルを彩る黒人的要素をブラジリダーデの本質として奨励する一方、公序良俗に反したり体制のイデオロギーに合致しない歌詞は報道宣伝局によって厳しく検閲された。

▶カルメン・ミランダ　カルメン・ミランダは、ポルトガルに生まれてまもなくブラジルに渡航してきた。カーニバルの歌「タイ」で有名になり、おりからのラジオの普及で全国的な人気を得た。ブロードウェイの舞台に立ち、ハリウッド映画にも数多く出演した。一九四八年。

サンバがカーニバルと結びつく一方で、一九三五年、サンバ・カンサンは、カーニバルのリズムから離れて独自のスタイルを確立した。踊るためではなく聴き歌うためのサンバはラジオをとおして都市民衆の娯楽として受け入れられた。一九三九年アリ・バローゾ（一九〇三〜六四）は「ブラジルの水彩画」によってサンバ・エザルタサンとよばれる新しい形式を創りだした。この曲はいま「サンバ・ブラジル」として世界的に親しまれているが、ブラジルをほめ称えるこの曲はヴァルガスのナショナリズムの気運にかなうものであった。このように、現在ブラジルの伝統と思われているものにはヴァルガス時代に創られ、あるいは創りなおされたものが多いことがわかる。

第二次世界大戦後の動向

　第二次世界大戦が終結しヴァルガス独裁体制が終焉した一九四五年、モダニズムの指導者の一人、マリオ・デ・アンドラーデの死去とジョアン・カブラル・デ・メロ・ネット（一九二〇～九九）の詩集『エンジニア』の出版で、ブラジル文学は新しい時代に入った。各地で文芸誌が発刊され、クロニカとよばれる、身辺に起きた事柄や文芸時評などを記載した新聞雑誌のコラムが広く読まれるようになり、ルーベン・ブラガ（一九一三～九〇）、フェルナンド・サビーノ（一九二三～二〇〇四）、詩人でもあるカルロス・ドゥルモン・デ・アンドラーデ（一九〇二～八七）らの作品が人気を集めた。散文では、ブラジル文学の最高峰の一つとされている、ミナスジェライスの奥地を舞台に言語的実験を試みたジョアン・ギマランエス・ローザ（一九〇八～六七）の主著『大いなる奥地』が発表された。個人の心理的な内面描写にすぐれた実存主義的なユダヤ系女流作家クラリッセ・リスペクトール（一九二〇～七七）の『家族の絆』『GHの受難』もこの時期の重要な作品である

◀カポエイラ　帝政末期には刑法で犯罪と規定され危険視されていたカポエイラも、ヴァルガスの時代にブラジル独自の文化として認められたばかりでなく、それを取り締まっていた警察が教育カリキュラムに採り入れるようになった。J・M・ルゲンダス画。

　戦後の好況に支えられて民間人の主導のもとに芸術活動も盛んになった。一九四七年、アシス・シャトーブリアン（一八九二～一九六八）らのコレクションをもとにサンパウロ美術館が創設されると、翌一九四八年にサンパウロ近代美術館、リオデジャネイロ近代美術館が相次いで誕生した。さらに三年後の一九五一年、国際美術展サンパウロ・ビエンナーレが開催された。パブロ・ピカソやルネ・マグリットらの作品が紹介され、版画家斎藤清（一九〇七～九七）が日本人賞を受賞し、国際的に注目された。この美術展の開設によってブラジルの美術家は海外の新しい潮流に接するとともに世界に向けて発信することができるようになった。いまやこの美術展は、ヴェネツィア・ビエンナーレ、ドイツのドクメンタと並ぶ重要な地位を占めている。『マクナイーマ』の表紙やガルシア・マルケスの挿絵を描き、ラテンアメリカ・メモリアルの壁画を制作したカリベ（一九一一～九七）、形や色彩の構成に重きをおく具象派のイベレ・カマルゴ（一九一四～九四）、日系の抽象画家マナブ・マベ（一九二四～九七）とトミエ・オータケ（一九一三～）らはこのビエンナーレから育った画家である。写真家としては、発展途上国の貧困や飢餓、難民、内戦などを題材にした作品を発表しているセバスティアン・サルガード（一九四四～）は国際的に広くその名を知られている。

　一九三〇年代にグラシリアーノ・ラモスらが旱魃や農民の過酷な生活を描いた小説の世界を映像で切り取ったのは、一九五〇年代のシネマ・ノーヴォに属するシネアストたちである。ネルソン・ペレ

▲サンパウロ美術館　中世から現代にいたる西洋美術の名品を数多く収蔵し、MASP（マスピ）の愛称で親しまれている。Museu de Arte de Sao Paulo. photo taken by Morio.

イラ・ドス・サントス（一九二八〜）の「乾いた生活」、ことにグラウベル・ローシャ（一九三九〜八一）の「黒い神と白い悪魔」「アントニオ・ダス・モルテス」はその斬新な手法で世界の映画界に衝撃をあたえた。その先駆的な作品にリオデジャネイロの悲惨な貧民街を描いたペレイラの「リオ四〇度」がある。いずれもブラジル社会が抱えている社会的な矛盾、富と権力の偏在を告発している。

　音楽の分野では、経済成長にともないリオデジャネイロのコパカバーナとイパネマの富裕な中間層の若者たちの間からサンバ・カンサンにアメリカのジャズ的要素を採り入れた新しいクールな都市音楽ボサノヴァが誕生した。一九五八年に発表されたジョアン・ジルベルト（一九三一〜）の「想いあふれて」（シェガ・デ・サウダーデ）はその「新しい傾向」（ボサノヴァ）のデビュー曲である。一九六二年にニューヨーク・カーネギーホールでのコンサートの成功で、ボサノヴァは「新しい時代のブラジル音楽」として一躍世界的なブームを巻き起こした。しかし一九六四年の軍事政権の登場で、ボサノヴァは抑圧的な政治風土に耐え切れずブラジル国内では退潮していった。

　代わって、ブラジルのさまざまのジャンルを包摂するMPBとよばれるジャンルの音楽が盛んとなる。軍事政権下で、このポピュラー音楽フェスティバルからデビューしたシコ・ブアルケ（一九四四〜）などの反体制的な音楽が主流となり、バイーアからカエターノ・ヴェローゾやジルベルト・ジル（一九四二〜）らは、軍事政権の偏狭なナショナリズムに対抗して、かつてオズワルド・デ・アンドラーデが提唱した「食人宣言」にならって世界の音楽を選択的に吸収しようとトロピカリズモ（熱帯主義）を宣言した。それは世界の現代的な音楽と伝統的なバイーア音楽の融合となって現れた。

　一九八五年の軍事政権の崩壊後、同じバイーアからカーニバルと結びついたアフロ系の音楽アシェーや北東部の奥地セルタン起源のセルタネージャなどがブラジルの民衆から生まれ、その後もジャンルの融合と進化を繰り返しながら新しい音楽が次々と誕生している。

▲二つの世代の知性　ミュージシャン・作家のシコ・ブアルケ・デ・オランダと著名な歴史学者の父親セルジオ。一九八二年。

▲トロピカリズモの主要メンバー　左からジルベルト・ジル、ガル・コスタ、カエターノ・ヴェローゾ、妹マリア・ベタニア。一九七六年。

Column 6

ブラジル・サッカーを支えてきた黒人と移民

コーヒー生産が最盛期を迎えた一九世紀後半のブラジルは、帝政から共和政に移行し、奴隷制が廃止されてヨーロッパからの移民が急増するという大きな転換期にあった。コーヒー・ブームを享受する支配階層の間にイギリス流の生活スタイルが導入され、ルールを厳守しフェアプレーを重んじるスポーツが普及しはじめた。サッカーもその一つで、一八九四年、イギリス系ブラジル人チャールズ・ウィリアム・ミラーによって紹介されると、しだいにフラメンゴ、ボタフォゴといった創設まもないクラブにもサッカー・チームが結成された。

その後もしばらくサッカーは一部のエリートのスポーツにすぎなかったが、一九一九年の南米選手権大会（現在のコパ・アメリカ）でナショナル・チームが優勝すると、ブラジル人のサッカー熱は一気に高まった。クラブは勝負にこだわりはじめ、リオデジャネイロのクラブ、ヴァスコ・ダ・ガマが一九二三年、身体能力に優れた黒人やムラートの選手を招いてチームを強化すると、次々と名門チームを倒して優勝した。これまで白人のみのクラブに人種差別を受けていた黒人が受け入れられたことは画期的なことであった。白人のみの排他的な社会に黒人が実力で進出する突破口が開かれたのである。ことに一九三八年の第三回ワールドカップで初めてブラジルを三位に導いた黒人選手レオニダス・ダ・シルヴァの活躍は、黒人の社会的地位の向上に大きく貢献した。こうして、ブラジルのサッカーは、白人のみのチームから白人、黒人、ムラートの人種混合のチームに生まれ変わった。

黒人選手が受容されはじめた一九三〇年代はまた、この時代のイデオローグ、ジルベルト・フレイレが人種民主主義という言説を編み出した時期に重なる。それだけではない。黒人選手のプレーにはカポエイラのジンガ（上半身を低い姿勢で左右に揺さぶる動き）やカリオッカのマリシア（抜け目のなさ）、即興性といった特徴があると述べ、これをブラジル・サッカーの特徴と言いはじめたのはほかならぬフレイレであった。それはまた、時の独裁者ヴァルガスの推奨するブラジリダーデ（本書一一五頁）の高揚にもかない、サッカーはサンバとともに国民統合のシンボルとして新国家体制のなかに取り込まれた。

一九二〇、三〇年代にブラジル・サッカーが人種差別の壁を突き破ると同時に、人種民主主義に利用されたことをその特徴の一つに挙げるとするならば、いま一つの特徴は、移民中心に結成されたクラブがブラジル・サッカーの発展に寄与したことである。

一例を挙げれば、リオデジャネイロのヴァスコ・ダ・ガマチームである。このチームは、ポルトガル系移民が一八九八年、ヴァスコ・ダ・ガマのインド到達四〇〇周年を記念して創立したレガッタ・クラブに属する。南部に多く移住したドイツ系移民はポルトアレグレにグレミオ（一九〇三年）、イタリア系移民はサンパウロにパルメイラスの前身パレストラ・イタリア（一九一四年）を創立した。時代は下るが、日本人もパラナ州にロンドリーナ文化体育協会というクラブを創った（一九四〇年）。第二帝政末期から第一共和政期、さらにヴァルガスの統治前期は移民流入の最盛期で、ブラジル・サッカーの揺籃期に相当する。移民相互の結束を強め、祖国の文化を異国の入植地で継承する縁《よすが》として創立されたクラブがいま世界に冠たる「サッカー王国」を支えている。

この「サッカー王国」ブラジルがワールドカップで初優勝を成し遂げるのはペレが活躍した第六回のスウェーデン大会（一九五八年）であるが、一九五〇年、自国で開催された第四回大会では最後の最後で優勝を逃している。この大会で、ブラジルはウルグアイとの決勝戦で敗れ、「マラカナンの悲劇」としてブラジル人のトラウマとなった。それから六四年を経た二〇一四年、同じブラジル大会の準決勝戦でカナリア軍団はドイツに一対七という屈辱的な大敗を喫して、ミナスジェライス州（ベロオリゾンテ）の大会場にちなんで「ミネイロンの悲劇」とよばれた。歴史は繰り返される。二度目は見るも無残な悪夢として。

しかもこの大会直前になってブラジル各地で国民が「ワールドカップ開催よりも教育・医療の充実」をと叫び、大会開催に約一兆一〇〇〇億円という巨額な経費をつぎ込んだ政府に抗議のデモを行なった。しかし、この開催直前の混乱も一歩引いて考えると、「なにを差しおいてもサッカー、サッカーは人生そのもの」と言って政治に無関心だった民衆が政府に異議申し立てを行なったことは、ブラジル社会の民主主義の成熟度が高まった証しととらえることができよう。

1956	ジュセリーノ・クビシェッキ、大統領就任
1959	キューバ革命成功
1960	ブラジリア遷都。人口70,992,343人
1961	ジャニオ・クアドロスの大統領就任と辞任。ジョアン・ゴラール、大統領就任
1964	軍事クーデター。カステロ・ブランコ将軍、大統領就任
1967	1967年憲法公布。コスタ・エ・シルヴァ将軍、大統領就任
1968	軍政令第5号布告
1969	メディシ将軍、大統領就任。都市ゲリラ活動激化
1972	アマゾン横断道路開通
1974	エルネスト・ガイゼル将軍、大統領就任
1978	「政治開放」の始まり。軍政令第5号廃止
1979	フィゲイレード将軍、大統領就任。サンパウロ金属労働組合のストライキ。政党結成の自由化
1980	人口121,150,573人
1982	イタイプー水力発電所完成。対外累積債務危機の始まり
1984	大統領直接選挙要求運動「ディレッタス・ジャ！」の進展
1985	軍政から民政へ。タンクレード・ネヴェス、大統領に当選するも就任直前に死去。 副大統領ジョゼ・サルネイ、大統領に昇格
1986	クルザード計画実施
1987	経済危機の深刻化
1988	1988年憲法公布
1990	コロル、大統領就任。コロル計画実施。日本の入国管理法改正により日系ブラジル人の大量入国
1992	リオ・サミット開催。大統領弾劾でコロル、辞任。副大統領イタマール・フランコ、昇格
1993	レアル計画実施
1994	新通貨レアル発行
1995	カルドーゾ、大統領就任。南米南部共同市場MERCOSUL発足。ハイパーインフレ終息
1996	「土地なし農民運動」の活動活発化
1999	カルドーゾ第二次政権発足。変動相場制に移行
2000	人口169,590693人
2001	第1回世界社会フォーラム、ポルトアレグレで開催
2003	左派労働者党ルーラ政権誕生。ブラジル、BRICsの一翼を担う
2007	ルーラ第二次政権発足
2008	世界同時不況
2010	人種平等法制定。人口190,755,799人
2011	労働者党ディルマ・ルセフ政権誕生
2012	リオ+20開催
2013	全国各地で教育・福祉充実要求運動
2014	FIFAワールド・カップ、ブラジルで開催

ブラジル史略年表

1895	対日修好通商条約締結
1896	カヌードス戦争はじまる（～1897）
1897	ブラジル文学アカデミー創立
1898	カンポス・サーレス、大統領就任
1899	マシャード・デ・アシス著『ドン・カズムーロ』出版
1900	人口17,438,434人
1902	ロドリゲス・アルヴェス、大統領就任
1903	リオデジャネイロで黄熱病撲滅キャンペーン
1906	アフォンソ・ペナ、大統領就任。タウバテ協定成立
1908	最初の日本人移民、サントス港に到着
1909	副大統領ニロ・ペサーニャ、大統領に昇格
1910	エルメス・ダ・フォンセッカ将軍、大統領就任。インディオ保護局創設
1912	コンテスタードの乱
1914	ヴェンセスラウ・ブラス、大統領就任。 第一次世界大戦勃発（～1918）
1917	第一次世界大戦に参戦
1918	ロドリゲス・アルヴェス再選されるも病気で、デルフィン・モレイラ、大統領代行
1919	エピタシオ・ペソア、大統領就任
1920	人口30,635,605人
1922	アルトゥール・ベルナルデス、大統領就任。コパカバーナ要塞の反乱。サンパウロ「近代美術週間」開催
1924	テネンティズモの反乱
1925	プレステス隊、内陸部を転戦
1926	ワシントン・ルイス、大統領就任
1929	ミナスジェライス州・リオグランデドスル州・パライーバ州、自由同盟を結成。世界恐慌
1930	リオグランデドスルで武装蜂起成功。ヴァルガス、臨時政権を掌握
1932	サンパウロで反ヴァルガス「立憲革命」勃発
1934	1934年憲法公布。サンパウロ州立大学創立
1937	「新国家」体制樹立。新憲法公布、ヴァルガスの独裁始まる
1939	第二次世界大戦勃発（～1945）
1940	人口41,236,315人
1941	ヴォルタ・レドンダ製鉄所創設
1942	ドイツ・イタリアに宣戦布告。日本と国交断絶
1945	ヴァルガス、大統領辞任
1946	エウリコ・ドゥトラ将軍、大統領就任。1946年憲法公布
1951	ヴァルガス、大統領に復帰。第1回サンパウロ・ビエンナーレ開催
1952	日本との国交回復
1953	石油公社ペトロブラス創設。戦後初の日本人移民到着
1954	ヴァルガス自殺。カフェ・フィリョ、大統領就任

1789	ミナスジェライス独立計画「ミナスの陰謀」発覚
1792	「ミナスの陰謀」の首謀者ティラデンテス処刑
1798	「バイーアの陰謀」発覚
1803	日本人漂流者、ロシア船でブラジルに上陸
1807	ナポレオン軍、ポルトガルに侵入し、ポルトガル王室、ブラジルに避難
1808	ブラジル開港。王室、リオデジャネイロに定住
1810	対英通商航海条約締結
1815	ポルトガル・ブラジル・アルガルヴェ連合王国成立
1816	ジョアン6世、リオで即位。フランス芸術使節団、リオ到着
1817	ペルナンブーコで共和主義革命勃発
1818	スイス移民、入植地ノヴァフリブルゴ創設
1820	ラプラタ川左岸地域シスプラティーナを併合　ポルトガルに自由主義革命起こる
1821	ジョアン6世、ポルトガルに帰国。ドン・ペドロ、ブラジル摂政に就任
1822	王太子ドン・ペドロ、「ブラジルの独立」を宣言（9月7日）
1824	ブラジル、1824年憲法公布。ペルナンブーコの分離主義運動、「赤道連盟」を創立
1825	ポルトガル、ブラジルの独立を承認
1828	ブラジル、ウルグアイの建国承認
1831	ブラジル皇帝ペドロ1世退位。ペドロ2世の即位と摂政政治の始まり
1835	グランパラでカバナージェンの乱（～1840）。リオグランデドスルでファラッポス戦争（～1845）
1837	バイーアでサビナーダの乱（～1838）
1838	マラニャンでバライアーダの乱（～1841）
1840	ペドロ2世の親政始まる
1845	イギリス、奴隷船を自由に捕獲できるアバディーン法を制定
1850	奴隷貿易禁止令公布。土地法公布。この頃パライーバ川流域におけるコーヒー生産の最盛期
1854	ブラジル最初の鉄道開通
1864	パラグアイ戦争（～1870）
1867	サンパウロ鉄道開通（サントスージュンディアイ間）
1871	出生自由法公布
1872	第1回国勢調査、人口9,930,478人
1880	この頃からヨーロッパから大量の移民到来
1885	六〇歳法公布
1888	奴隷制廃止（「黄金法」、5月13日）
1889	帝政崩壊、共和政樹立（11月15日）。
1891	ブラジル共和国憲法公布。デオドーロ・ダ・フォンセッカ、共和国初代大統領に就任。フォンセッカ辞任。副大統領フロリアーノ・ペイショット、大統領に就任
1893	リオグランデドスルで「連邦主義革命」。「海軍の反乱」
1894	プルデンテ・デ・モラエス、大統領就任

ブラジル史略年表

1492	コロンブス、新大陸アメリカを「発見」
1494	ポルトガル・スペイン、トルデシーリャス条約締結
1498	ヴァスコ・ダ・ガマ、インドに到達
1500	カブラル、ブラジルを「発見」
1532	サンヴィセンテ村開設。サトウキビ栽培始まる
1534	世襲カピタニア制導入
1548	総督制導入
1549	ブラジル初代総督トメ・デ・ソーザ着任（～1553）、サルヴァドールに首都を置く
1553	第2代総督ドゥアルテ・ダ・コスタ着任（～1558）
1554	イエズス会士マヌエル・ダ・ノブレガ、サンパウロにコレジオを創立
1555	フランス人、リオデジャネイロに「南極フランス」を創建
1558	第3代総督メン・デ・サ着任（～1572）
1570	インディオ奴隷化禁止令公布。この頃から黒人奴隷の輸入増加と砂糖の生産増大
1580	スペイン王フェリペ2世、ポルトガルを併合
1608	ブラジル、2つの総督領に分割される（～1612）
1612	フランス、サンルイスに「赤道フランス」を創建（～1615）
1630	オランダ西インド会社、レシーフェを占領（～1654）
1636	ナッサウ総督、オランダ占領地に着任
1640	ポルトガル、スペインから再独立。ブラガンサ王朝の始まり。モンタルヴァン子爵ドン・ジョルジェ・デ・マスカレーニャス、ブラジル初代副王に就任（～1641）
1648	グアララペスの戦いでオランダを破る。ラポーゾ・タヴァレス、サンパウロから奥地探検、アマゾン川河口に到達
1649	ジョアン4世、ブラジル総合貿易会社を創設
1654	オランダ西インド会社、ブラジルから撤退
1670	この頃からブラジル砂糖生産の衰退始まる
1682	マラニャン総合貿易会社設立
1693	ミナスジェライスで金鉱脈発見される
1695	パルマーレスのキロンボ滅亡
1708	サンパウロ住民と新来者との間にエンボアーバ戦争始まる
1710	砂糖農園主とポルトガル商人の対立、マスカッテ戦争に発展
1720	ブラジル、副王領となる
1727	ミナスジェライスでダイヤモンド鉱脈発見される
1750	マドリード条約によりスペイン領との境界画定
1755	グランパラ・マラニャン社設立。リスボン大震災
1759	ペルナンブーコ・パライーバ社設立。カピタニアの王領地編入。ポンバル、ブラジルからイエズス会を追放
1760	この頃から金の生産量減少しはじめる
1763	ブラジル副王領の首都、サルヴァドールからリオデジャネイロへ
1778	フィゲイロー伯爵ルイス・デ・ヴァスコンセロス・エ・ソーザ、副王に就任（～1790）

あとがき

わが国には源氏物語絵巻や鳥獣戯画に俟つまでもなく、絵巻、仏画、屏風画、襖絵、掛け軸、浮世絵、挿絵、漫画などさまざまなジャンルの図絵の長い伝統がある。最近では、山本作兵衛の炭鉱記録画が二〇一一年に世界記憶遺産として登録されたことは記憶に新しい。それらを見るにつけ、日本人がいかに図絵を描くことに熱心で、また絵に囲まれ、あるいは身近に手に取って眺め、親しみ、愛好していたかがうかがわれる。

ひるがえって、本書のブラジルの場合を考えると、宗主国のポルトガル人は海図や宗教画を除けば概して図絵に対する関心が薄く、まして熱帯の事物を絵にする絵師は少なかった。わずかに地図制作者が地図のなかにインディオやパウ・ブラジル、鸚鵡《おうむ》などを描いているくらいである。その例外的な作品が、ヴアスコ・フェルナンデスの「東方の三博士」の油彩画である。ここには、黒人の博士に替えてインディオが描かれ、インディオをキリスト教に改宗できる可能性を示唆している。

ところが、一六世紀にブラジルがヨーロッパに紹介されてまもなく、当地を訪れたドイツ人のハンス・シュタデンやフランス人のアンドレ・テヴェ、ジャン・ド・レリーがインディオの興味深い習慣を記録とともに貴重な図版として残している。そして、その植民地初期にインディオのみならず熱帯ブラジルの自然や田園風景を克明に描いたのは、一七世紀半ばブラジル北東部を支配したオランダ人であった。当時、オランダはレンブラントをはじめ数多の画家を輩出し、オランダ絵画は黄金時代を迎えていた。ブラジル総督ナッサウに同行してブラジルに渡ったフランス・ポストとアルベルト・エックハウトはそれぞれ風景画とインディオ、黒人などの人物画を数多く残している。オランダ人による北東部占領がなかったら、今日われわれが抱く一七世紀ブラジルのイメージはきわめて限られたものになっていたであろう。

それからおよそ一世紀半後の一九世紀初頭、ナポレオン軍に追われて宮廷がリオデジャネイロに移り、諸外国にブラジルの門戸を開くと、熱帯の自然や風物に魅せられてドイツ人、オーストリア人、フランス人が学術的な調査を目的にブラジルを訪れ、図絵を含む貴重な資料を残した。同時に、ジョアン六世はリオデジャネイロの都市の美化、整備のためにヨーロッパから建築家や画家を招聘した。絵画の分野ではナポレオンの宮廷画家であったダヴィドの弟子ジャン＝バティスト・ドブレやドイツ人ヨハン・モリッツ・ルゲンダス、ニコラ＝アントワーヌ・トネーら外国人画家のおかげで、一九世紀初頭のブラジルが、ペドロ一世の戴冠式から街頭で働く黒人奴隷の様相まで事細かに活写されている。

ドブレやトネーは美術学校でブラジル人画家を育成し、一九世紀後半にはヴィトル・メイレレス、ペドロ・アメリコ、ロドルフォ・アモエード等が育った。彼らは、おりからのナショナリズムの波に乗り競うようにして、ブラジルの「発見」、独立、パラグアイ戦争などの歴史画を発表した。このアカデミズムをヨーロッパの追随として批判してブラジルの独自性を主張したのがカヴァルカンティ、ポルティナリなどの『近代芸術週間』の画家であった。

その一方で、一九世紀後半から写真の映像が時代の証言として決定的な役割を果たすようになる。ブラジルの写真元年は一八三三年、フランス人エルキュール・フロランスがカンピーナスで独自の手法による写真画像の作成に成功したことに始まり、ニエプス、ダゲールと並んで写真技術の先駆者の一人となった。皇帝ペドロ二世も早くから写真の愛好家として知られ

Janeirono Século XVIII, Rio de Janeiro 1963
ditto, *O Brasil do Primeiro Reinado visto pelo botânico William John Burchell 1825/1829*, Rio de Janeiro 1981
Fundação Calouste Gulbenkian, *Portugal-Brasil: a Era dos Descobrimentos Atlâticos*, Lisboa 1990
Fundação Nacional de Material Escolar, *Atlas Histórico Escolar*, Rio de Janeiro 1973
História Viva, ANO VIII. N.89, São Paulo
Hollanda, Sérgio Buarque de, *História do Brasil estudos sociais*, 2 vols., São Paulo
Instituto Camões, *Camões n°8, Terra Brasilis*, Lisboa 2000
ditto, *Camões n°15/16, Marquês de Pombal*, Lisboa 2003
Johnson, Harold & Silva, Maria Beatriz Nizza da (coor.), *O Império Luso-Brasileiro 1500-1620*, Lisboa 1992
Koshiba, Luiz e Pereira, Denise Manzi Frayze, *História do Brasil no contexto da história ocidental*, 8.ª ed., São Paulo 2003
Lesser, Jeffrey, *Immigration, Ethnicity, and National Identity in Brazil*, 1808 to the Present, Cambridge University Press 2013
Levy, Luiz Fernando, *The New Brazil*, São Paulo 2002
Lusitania Companhia de Seguros S.A, *Relatório e Contas*, 1991 e 1993
Nossa História, Ano 1-n.10 agosto 2004, *Biblioteca Nacional*, Rio de Janeiro 2004
Nieuhof, Joan, *Memorável Viagem Marítima e Terrestre ao Brasil*, 2.ª ed., São Paulo 1951
Novais, Fernando A., *História Privada no Brasil*, 4 vols., São Paulo 1997-98
Oliveira, Cecilia Helena de Salles, *O Processo de Independência*, São Paulo 1999
Oliveira, Cecilia Helena de Salles et Mattos, Claudia Valladão de, *O Brado do Ipiranga*, São Paulo 1999
Priole, Mary del e Venancio, Renato, *Uma Breve História do Brasil*, São Paulo 2010
Ramos, Rui (coor.), *História de Portugal*, Lisboa 2009
Reis, Liana Maria et Botelho, Angela Vianna, *Dicionário Histórico Brasil: Colônia e Império*, Belo Horizonte 1998
Rugendas, Johann Moritz, *Viagem Pitoresca Através do Brasil*, Rio de Janeiro
Saraiva, José Hermano, *Breve História de Portugal*, Lisboa 1981
Schwartz, Stuart B. (ed.), *Tropical Babylons: Sugar and the Making of the Atlantic World, 1450-1680*, The University of North Carolina Press 2004
Serrão, Joaquim Veríssimo, *História de Portugal*, vol.V, Lisboa 1979
Silva, Francisco de Assis, *História do Brasil*, São Paulo 1992
Silva, Maria Beatriz Nizza da (coor.), *O Império Luso-Brasileiro 1750-1822*, Lisboa 1986
Skidmore, Thomas E., *Brazil: Five Centuries of Change*, Oxford University Press 1999
Sousa, Iara Lis Schiavinatto Carvalho, *A Repúlica do Progresso*, São Paulo 1994
Sousa, Manuel de, *Reis e Rainhas de Portugal*, Lisboa 2000
Veja, 8 de janeiro de 2003
Kossoy, Boris (coord.), *Um Olhar sobre o Brasil: A Fotografia na Construção da Imagem da Nação 1833-2003*, Rio de Janeiro 2012

ている。初期の写真家はやはりフランス人やドイツ人などの外国人が多かったが、一九五〇年代以降、『クルゼイロ』誌や『ヴェージャ』誌などの出版がもたらしたフォトジャーナリズムの隆盛で、多くのブラジル人写真家に活躍の場が広がった。発展途上国の飢餓や内戦、難民の写真を撮りつづけるセバスティアン・サルガードは、いま世界でもっとも高名な写真家の一人である。

この「あとがき」も最初は本書を彩るドブレやルゲンダスの紹介ですますつもりであったが、のめり込みすぎて、はからずもブラジルの図絵の歴史をたどる結果となってしまった。「あとがき」としてはいささか型破りになった感もあるが、「図説」というタイトルが付くことでお許し願うこととした。

『図説　ポルトガルの歴史』に続いて今回も渡辺史絵さん、そしてあらたに岩崎奈菜さんのお世話になった。心もとない原稿をしっかり見ていただいたお二人に深謝したい。

金七紀男

中央公論社　2001年
ペロ・ヴァス・デ・カミーニャ（池上岑夫訳）「国王宛て書簡」『ヨーロッパと大西洋』大航海時代叢書　岩波書店　1984年
ジャン・ド・レリー（二宮敬訳）「ブラジル旅行記」『フランスとアメリカ大陸2』大航海時代叢書　岩波書店　1987年
古谷嘉章『異種混淆の近代と人類学』人文書院　2001年
合田昌史『マゼラン 世界分割を体現した航海者』京都大学学術出版会　2006年
ロナルド・シーガル（富田虎男監訳）『ブラック・ディアスポラ――世界の黒人がつくる歴史・社会・文化』明石書店　1999年
ポール・ギルロイ（上野俊哉, 毛利嘉孝, 鈴木慎一郎訳）『ブラック・アトランティック――近代性と二重意識』月曜社　2006年
シドニー・W. ミンツ（川北稔, 和田光弘訳）『甘さと権力――砂糖が語る近代史』平凡社　1988年
J.H. エリオット（越智武臣, 川北稔訳）『旧世界と新世界 1492-1650』岩波書店　1975年
アンソニー・W. マークス（富野幹雄, 岩野一郎, 伊藤秋仁訳）『黒人差別と国民国家――アメリカ・南アフリカ・ブラジル』春風社　2007年
ジルベルト・フレイレ（鈴木茂訳）『大邸宅と奴隷小屋――ブラジルにおける家父長制家族の形成』上下　日本経済評論社　2005年
西川長夫, 原毅彦編『ラテンアメリカからの問いかけ――ラス・カサス、植民地支配からグローバリゼーションまで』人文書院　2000年
小田輝穂『カヌードス・百年の記憶――ブラジル農民、土地と自由を求めて』現代企画室　1997年
三橋利光『コント思想と「ベル・エポック」のブラジル――実証主義教会の活動』勁草書房　1996年
ブラジル日本商工会議所編『現代ブラジル事典』新評論　2005年
大槻玄沢, 志村弘強編（池田晧訳）『環海異聞』（海外渡航記叢書2）雄松堂出版　1989年
矢谷通朗編訳『ブラジル連邦共和国憲法――1998年』アジア経済研究所　1991年
後藤政子『現代のラテンアメリカ――この激動の20年』時事通信社　1982年
松下洌『現代ラテンアメリカの政治と社会』日本経済評論社　1993年
アルフレッ・C. ステパン（堀坂浩太郎訳）『ポスト権威主義――ラテンアメリカ・スペインの民主化と軍部』同文館　1989年
堀坂浩太郎『転換期のブラジル』サイマル出版会　1987年
乗浩子『宗教と政治変動』有信社　1998年
堀坂浩太郎編著『ブラジル新時代』勁草書房　2004年
富野幹雄編『グローバル化時代のブラジルの実像と未来』行路社　2008年
岸和田仁『ブラジル文化讃歌――熱帯の多人種主義社会』つげ書房新社　2005年
二宮康史『ブラジル経済の基礎知識』ジェトロ　2007年
鈴木孝憲『2020年のブラジル経済』日本経済新聞出版社　2010年
アントニオ・ネグリ, マイケル・ハート（水嶋一憲他訳）『帝国――グローバル化の世界秩序とマルチチュードの可能性』以文社　2003年
フェルナンド・エンリケ・カルドーゾ, エンソ・ファレット（鈴木茂, 受田宏之, 宮地隆廣訳）『ラテンアメリカにおける従属と発展』東京外国語大学出版会　2012年
堀坂浩太郎『ブラジル――跳躍の軌跡』岩波新書　2012年
丸山浩明編『世界地誌シリーズ6 ブラジル』朝倉書店　2013年
近田亮平編『躍動するブラジル――新しい変容と挑戦』アジア経済研究所　2013年
矢持善和『サッカー「王国」ブラジル――ペレ、ジーコからロナウジーニョまで』東洋書店　2006年

図表引用資料出典

Abril Cultural (ed.), *Grandes Personagens da Nossa História*, 4 vols., São Paulo 1969
Abril Cultural, *Nosso Século 1900-1980*, 10 vols., São Paulo 1985-1986
Bethell, Leslie (ed.), *Colonial Brazil*, Cambridge University Press 1987
Bloch Editores, *Enciclopédia Ilustrada do Brasil*, 10 vols., Rio de Janeiro 1982
Bueno, Eduardo, *Brasil: Uma História Cinco Séculos de um País em Construção*, São Paulo 2010
Carmo, Sonia Irene do, e Couto, Eliane, *História Passado Presente*, 2ª. ed., 3 vols., São Paulo 2002
Carvalho, José Murilo de, *The Formation of Souls: Imagery of the Republic in Brazil*, The University of Notre Dame Press 2012
Comissariado de Portugal para a Exposição de Universal Sevilha 1992, *Portugal and the Discoveries: The Meeting of Civilizations*, Lisboa
ditto, *Portugal a Formação de um País*, Lisboa
Comissão Nacional para as Comemorações dos Descobrimentos Portugueses, *Brasil: nas Vésperas do Mundo Moderno*, Lisboa 1992
Couto, Jorge, *A Construção do Brasil*, Lisboa 1995
Cunha, Manuela Carneiro da (org.), *História dos Índios no Brasil*, São Paulo 1992
Debret, Jean Baptiste, *Viagem Pitoresca e Histórica ao Brasil*, tomo II, São Paulo 1978
Edwards, Todd L., *Brazil: a Global Studies Handbook*, Santa Barbara 2008
Ferrez, Gilberto, *As Cidades do Salvador e Rio de*

参考文献・図表引用資料出典

参考文献

Kinsbruner, Jay (ed.), *Encyclopedia of Latin American History & Culture*, 6 vols., 2nd. ed., Detroit 2008
Abril, *Almanaque Abril 1997 2014* São Paulo.
Silva, Maria Beatriz Nizza da (coor.), *Dicionário da História da Colonização Portuguesa no Brasil*, Lisboa 1994
Holanda, Sérgio Buarque de, *História Geral da Civilização Brasileira*, 11 vols., São Paulo 1960-81
Novais Fernando A.(coor.), *História da vida Privada do Brasil*, 4 vols., São Paulo 1997～1998
Calmon, Pedro, *História Social do Brasil*, 2 vols., São Paulo 2002
Fausto, Boris, *História do Brasil*, São Paulo 1995
IBGE (ed.), *Brasil: 500 anos de Povoamento*, Rio de Janeiro 2000
Cunha, Manuela Carneiro da (org.), *História dos Índios no Brasil*, São Paulo 1992
Boxer, Charles R., *The Portuguese Seaborne Empire 1415-1825*, New York 1969
Bethell, Leslie (ed.), *Colonial Brazil*, Cambridge University Press 1987
Skidmore, Thomas E., *Brazil: Five Centuries of Change*, Oxford University Press 1999
Couto, Jorge, *A Construção do Brasil*, Lisboa 1995
Johnson, Harold et Silva, Maria Beatriz Nizza da (coor.), O *Império Luso-Brasileiro 1500-1620*, Lisboa 1992
Mauro, Frédéric (coor.), *O Império Luso-Brasileiro 1620-1750*, Lisboa 1991
Silva, Maria Beatriz Nizza da (coor.), *O Império Luso-Brasileiro 1750-1822*, Lisboa 1986
Zanini, Walter (org.), *História Geral da Arte no Brasil*, 2 vols., São Paulo 1983
Schwartz, Stuart B., *Sugar: Plantations in the Formation of Brazilian Society: Bahia, 1550-1835*, Cambridge University Press 1985
Schwartz, Stuart B. (ed.), *Tropical Babylons: Sugar and the Making of the Atlantic World, 1450-1680*, The University of North Carolina Press 2004
Pinto, Virgílio, *O Ouro Brasileiro e o Comércio Anglo-Português: uma contribuição aos estudos da economia atlântica no século XVIII*, São Paulo 1979
Novais, Fernando A., *Portugal e Brasil na Crise do Antigo Sistema Colonial (1777-1808)*, 2ª ed., São Paulo 1981
Bethell, Leslie (ed.), *Brazil: Empire and Republic, 1822-1930*, Cambridge University Press 1989
Fernandes, Florestan, *The Negro in Brazilian Society*, Columbia University Press 1969
Freyre, Gilberto, *Sobrados e Mucambos*, 9ª. ed., Rio de Janeiro 1996
Maxwell, Kenneth, *Conflicts and Conspiracies: Brazil and Portugal 1750-1808*, London 1973
Souza, Iara Lis C., *A Independência do Brasil*, Rio de Janeiro 2000
Rudé, George, *Europe in the Eighteenth Century: Aristocracy* and the Bourgeois Challenge, Harvard University Press 1985
Paquette, Gabriel, *Imperial Portugal in the Age of Atlantic Revolutions: The Luso-Brazilian World, c.1770-1850*, Cambridge University Press 2013
Bethell, Leslie (ed.), *The Cambridge History of Latin America Vol.IX Brazil since 1930*, Cambridge University Press 2008
Carone, Edgard, *Revoluções do Brasil Contemporâneo*, São Paulo 1965
Fausto, Boris, *A Revolução de 1930: historiografia e história*, São Paulo 1970
Schneider, Ronald M., *The Political System of Brazil: Emergence of a "Modernizing" Authoritarian Regime, 1964-1970*, Columbia University Press 1971
Lambert, Jacques, *Os dois Brasis*, 9ª. ed., São Paulo 1976
MacCann, Bryan, *The Throes of Democracy: Brazil since 1989*, London 2008
Bourne, Richard, *Lula of Brazil*, London 2008
Roett, Riordan, *The New Brazil*, Washington, D.C 2010
Lesser, Jeffrey, *Immigration, Ethnicity, and National Identity in Brazil,1808 to the Present*, Cambridge University Press 2013

歴史学研究会編『世界史史料７南北アメリカ――先住民の世界から19世紀まで』岩波書店　2008年
歴史学研究会編『南北アメリカの500年』全5巻　青木書店　1992－93年
高橋均，網野徹哉『ラテンアメリカ文明の興亡』中央公論社　1997年
I.ウォーラーステイン（川北稔訳）『近代世界システム――農業資本主義と「ヨーロッパ世界経済」の成立』全2巻　岩波書店　1981年
増田義郎編『ラテンアメリカ史II』山川出版社　2000年
シッコ・アレンカール他（東明彦，アンジェロ・イシ，鈴木茂訳）『ブラジルの歴史――ブラジル高校歴史教科書』明石書店　2003年
ボリス・ファウスト（鈴木茂訳）『ブラジル史』明石書店　2008年
金七紀男『ブラジル史』東洋書店　2009年
C.プラドJr.（山田睦男訳）『ブラジル経済史』新世界社　1971年
S.B.デ・オランダ（池上岑夫訳）『真心と冒険――ラテン的世界』新世界社　1972年
富野幹雄，住田育法編『ブラジル学を学ぶ人のために』世界思想社　2002年
金七紀男，住田育法，高橋都彦，富野幹雄『ブラジル研究入門――知られざる大国500年の軌跡』晃洋書房　2000年
金七紀男『ポルトガル史』彩流社　1996年
レヴィ＝ストロース（川田順造訳）『悲しき熱帯』Ⅰ，Ⅱ

●著者略歴

金七紀男（きんしち・のりお）
一九四〇年、旧満州国生まれ。東京外国語大学教授、天理大学教授を経て、東京外国語大学名誉教授。
専攻はポルトガル近世史およびブラジル植民史。
著書に『図説 ポルトガルの歴史』（河出書房新社）、『図説 ポルトガル』（共著、河出書房新社）、『ポルトガル史』（彩流社）、『エンリケ航海王子――大航海時代の先駆者とその時代』（刀水書房）、『ブラジル史』（東洋書店）など、訳書に『ポルトガルとその将来』（共訳、時事通信社）、『ポルトガル』（ほるぷ出版）、『歴史学の現在』（共訳、岩波書店）、『日葡修好通商条約と外交関係史1860〜1910』（彩流社）など。

ふくろうの本

図説 ブラジルの歴史

二〇一四年一〇月二〇日初版印刷
二〇一四年一〇月三〇日初版発行

著者……………………金七紀男
装幀・デザイン………日高達雄＋伊藤香代（蛮ハウス）
発行者…………………小野寺優
発行……………………河出書房新社
東京都渋谷区千駄ヶ谷二―三二―二
電話　〇三―三四〇四―一二〇一（営業）
〇三―三四〇四―八六一一（編集）
http://www.kawade.co.jp/
印刷……………………大日本印刷株式会社
製本……………………加藤製本株式会社

Printed in Japan
ISBN978-4-309-76223-4